Renate Gegner, Friederike Jentsch, Anja Hellmuth,
Kirsten Hielscher, Corinna Switzer und Anne Uhl

Ganz einfach Latein

Der ultimative Latein-Trainer 3
Konjunktiv – Gliedsätze – nd-Formen

C.C. Buchner

Ganz einfach Latein

Der ultimative Latein-Trainer 3
Konjunktiv – Gliedsätze – nd-Formen

Band 3 wurde erarbeitet von Renate Gegner, Friederike Jentsch, Anja Hellmuth, Kirsten Hielscher, Corinna Switzer und Anne Uhl

Unter Mitarbeit von Markus Scherl und Barbara Waldheim

Gestaltung: Peter Lowin

Abbildungsnachweis:
S. 83: Österreichische Galerie Belvedere, Wien
S. 88: Cinetext Bildarchiv, Frankfurt/M.

1. Auflage 1 3 2 1 2009 08 07
Die letzte Zahl bedeutet das Jahr dieses Drucks.

Alle Drucke dieser Auflage sind, weil untereinander unverändert, nebeneinander benutzbar.

Dieses Werk folgt der reformierten Rechtschreibung und Zeichensetzung.

www.ccbuchner.de

Herstellung: Artbox Grafik & Satz GmbH, Bremen
Druck- und Bindearbeiten: Druckhaus Thomas Müntzer GmbH, Bad Langensalza

ISBN 978-3-7661-**5473**-6

Hallo!

Wenn ihr schon mit den ersten beiden Bänden von Ganz einfach Latein gearbeitet habt, dann kennt ihr bereits die drei Prinzipien dieses **ultimativen Latein-Trainers**: Verstehen, Wiederholen, Üben! Ganz egal, wo es bei euch klemmt, ob ihr im Unterricht etwas nicht verstanden habt oder einfach noch mehr üben und wiederholen wollt: Mit dieser Latein-Lernhilfe macht ihr euch wieder fit!

Alle Erklärungen sind unkompliziert und für euch leicht verständlich. Und so werdet ihr mit viel Spaß und ohne Frust an die Arbeit gehen – denn arbeiten müsst ihr natürlich selber – aber nicht alleine, denn ein paar nette Begleiter helfen euch dabei. Vielleicht kennt ihr sie ja schon aus dem Band 1 oder 2:

Die beiden Freunde **Clara** und **Linus**, die mit euch zusammen versuchen, den Geheimnissen der lateinischen Grammatik mit detektivischem Scharfsinn auf die Spur zu kommen.

Spurius, der schnüffelnde Spürhund, der euch besonders bei den Übungen eine Stütze sein will.
Spurius hat übrigens wieder seinen Freund, den Raben **Corax**, mitgebracht, denn dieser kennt sich ja mit der lateinischen Sprache besonders gut aus. Corax wird euch immer dann Hinweise geben, wenn's mal ganz besonders knifflig wird!

Auch jetzt vorweg geben euch Spurius und Corax die notwendigen Tipps, wie ihr am besten mit dem Latein-Trainer umgeht, damit sich auch eine Verbesserung für euch einstellt. Also gut aufpassen; dann kann eigentlich nichts schief gehen und Latein wird bald kein Problem mehr für euch sein!

1. Die Lernkapitel

Jedes Kapitel hat ein einziges grammatisches Thema, das ihr ganz gezielt einüben könnt. Um euch die Suche nach bestimmten Kapiteln zu erleichtern, haben wir jedem Kapitel eine eigene Farbe gegeben. Am Anfang jeden Kapitels gibt es ein Bild und eine grammatische Erklärung. Am Ende des Lernkapitels findet ihr die Zusammenfassung („Auf einen Blick"), und dann kommen mehrere Seiten Übungen zum Einüben oder Wiederholen.

2. Die Wiederholungskapitel

An drei Stellen gibt es Wiederholungskapitel, damit ihr zwischendurch auch überprüfen könnt, ob ihr den Stoff verstanden habt und beherrscht.

3. Die Methodenboxen

Die Methodenboxen auf den S. 120–127 bieten euch ein tolles Spezial-Training an. Dort geht es nicht um *ein* bestimmtes Grammatik-Thema, sondern um einige ganz allgemeine (und leicht erlernbare!) Tricks, die euch beim Lateinlernen immer und überall nützlich sein werden: Ihr erfahrt z.B., wie man am besten Vokabeln lernt, wie man schwierige lateinische Form leichter „knacken" kann, und vor allem findet ihr dort auch Hinweise, die euch das Übersetzen leichter machen!

4. Die Lösungen

Am Ende des Lerntrainers findet ihr für alle Übungen die Auflösungen, damit ihr auch wirklich selbständig mit dem Buch arbeiten und euch kontrollieren könnt. Tipp: Versucht es aber zuerst wirklich selbst, ihr schafft das nämlich!

5. Das Vokabelverzeichnis

Da dieser Latein-Trainer vielleicht Vokabeln enthält, die euch aus eurem Lateinbuch in der Schule nicht so bekannt oder vertraut sind, haben wir alle Vokabeln in einem alphabetischen Verzeichnis gesammelt, das auch die deutschen Bedeutungen enthält. So könnt ihr es wie ein Lateinlexikon benutzen und kommt mit unbekannten Vokabeln nicht ins Schleudern.

Nun gilt es noch, sich einige Symbole und Trainingstipps einzuprägen, und dann könnt ihr loslegen!

Wenn ihr dieses Zeichen seht, heißt das „Aufgepasst!", hier wird etwas Wichtiges erklärt!

Achtung! Mit diesem Zeichen werdet ihr darauf hingewiesen, dass eine Verwechslungsgefahr besteht. Das heißt für euch: „Genau hingucken!"

Hier habt ihr alles in einem „Schnappschuss" zusammengefasst, was im Kapitel wichtig war. Den Kasten „Auf einen Blick" könnt ihr euch auch als Lernkasten einprägen.

Corax gibt euch von Zeit zu Zeit wichtige Informationen über Lernregeln, Übersetzungshilfen, Ausnahmen, Sonderfälle oder andere Details. Corax betreut übrigens auch das Training in den Wiederholungskapiteln!

Trainingstipps

Geht nicht mit schlechter Laune an die Arbeit! Macht es euch gemütlich, dann kann das Lernen sogar viel Spaß bringen. Wenn ihr in Latein etwas lernen wollt, ist es wie beim Sport: Man muss sich auch etwas zutrauen, sonst wird es nichts! Der Satz „Ich kann das nicht!" ist verboten!

Nehmt euch nicht zu viel an einem Tag vor! Mehr als ein Kapitel solltet ihr nicht eintrainieren. Wenn ihr das sorgfältig macht, habt ihr mehr davon.

Ihr braucht bestimmte Arbeitsmaterialien beim Training:

- einen Bleistift (für Übungen, die im Trainer bearbeitet werden)
- Buntstifte (für unterschiedliche Markierungen)
- ein Schreibheft (einige Übungen müsst ihr dort eintragen)
- Karteikarten (vielleicht wollt ihr euch entscheidende Dinge aufschreiben, die man sich auf Lernkärtchen leichter einprägen kann: Vokabeln, wichtige Merksätze, Zusammenfassungen, Konjugationen etc.)

Ihr könnt euch aber statt eines Schreibheftes auch eine eigene Datei auf eurem PC anlegen. In diese Datei könnt ihr nach und nach alle Lösungen eintragen, ihr könnt darin Kennkarten oder Vokabellisten erstellen, ganz nach eurem Geschmack Notizen sammeln, ordnen und gestalten. Am besten druckt ihr die Datei ab und zu aus und legt den Ausdruck in dieses Arbeitsbuch.

Und zu guter Letzt: Man kann nur lernen, wenn man auch einmal eine vernünftige Pause macht. Hört dann ein bisschen Musik, holt euch etwas zu trinken oder zu essen und seid ein wenig stolz darauf, ein ganzes Kapitel ganz alleine bearbeitet zu haben. Gut gemacht!

Und nun wünschen wir euch viel Spaß beim Training!

Euer Autorenteam

Liebe Eltern!

Mit Ganz einfach Latein bieten wir Ihren Kindern eine neue Art von Latein-Trainer, der den wichtigsten Stoff der Spracherwerbsphase aufbereitet. Wir – das ist ein Team von Lehrerinnen und Lehrern, das auf der Grundlage von Praxiserfahrung sowie moderner didaktischer Überlegungen diese Trainer-Reihe entworfen hat.

Dynamisches Arbeitsbuch ➜ Eigenständiges Arbeiten und Motivation werden in diesem Trainer großgeschrieben. Daher versteht sich dieses Buch nicht als umfassende Grammatik, sondern vielmehr als ein dynamisches Arbeitsbuch, das in spielerischer Weise die Eigenaktivität Ihrer Kinder fördert und fordert.

Training mit Spaß! ➜ Der Latein-Trainer bietet Schülerinnen und Schülern Gelegenheit, in Eigenregie und mit Spaß Grundstrukturen der lateinischen Sprache zu festigen und individuelle Schwächen aufzuarbeiten. Die Kapitel bestehen jeweils aus einem Erarbeitungsteil mit Erklärungen und einem anschließenden Übungsteil, hinzu kommen umfassende Wiederholungskapitel.
Ganz einfach Latein wendet sich bewusst in einer schülergerechten Sprache und in ansprechender, zeitgemäßer Gestaltung an seine Benutzer: Auf diese Weise wird Grammatik verstanden und geübt, Langeweile kommt nicht auf; vielmehr erfahren die Schüler, dass Arbeiten auch Spaß machen kann.

Übungsvielfalt ➜ Die Übungsteile sind äußerst vielfältig, wobei der Schwierigkeitsgrad der Übungen im Laufe eines Kapitels zunimmt. Je nach Bedarf kann der Schüler auswählen, welche und wie viele Übungen er bearbeiten will.
Die Vermittlung von Lerntechniken (z. B. im Bereich Wortschatz) rundet das Konzept des selbstbestimmten Lernens ab.

Einsatzmöglichkeit ➜ Eine besondere Stärke dieses Trainers liegt in seinen flexiblen Einsatzmöglichkeiten. Es ist zwar wünschenswert, keineswegs aber notwendig, das gesamte Buch durchzuarbeiten. Die Aufbereitung des Stoffes in jeweils abgeschlossenen Kapiteln erlaubt es den Schülerinnen und Schülern, ihren Einstieg in den Trainer an ihren persönlichen Bedürfnissen auszurichten. Welches Lateinbuch in der Schule verwendet wird, spielt für die Arbeit mit diesem Latein-Trainer keine Rolle. Für eine problemlose Benutzung sorgen eine allgemeinverständliche Terminologie sowie das mitgelieferte Vokabelverzeichnis und Lösungsheft.

Lösungsheft ➜ Ein Lösungsheft ermöglicht es den Schülern, ihren Lernfortschritt eigenständig zu überprüfen; für Sie als Eltern stellt das Lösungsheft eine Möglichkeit dar, das Latein-Training Ihres Kindes begleitend zu unterstützen.

Inhaltsverzeichnis

Schön – schöner – der schönste!

Die Steigerung der Adjektive

Mus gravis est.	Die Maus ist schwer.
Camelus gravior est.	Das Kamel ist schwerer.
Elephantus gravissimus est.	Der Elefant ist der schwerste.

Wenn man zwei Lebewesen oder Dinge vergleichen will, braucht man die Steigerungsformen der Adjektive. Man unterscheidet:

1. Die Grundstufe (**Positiv**)	gravis	schwer
2. Die Höherstufe (**Komparativ**)	gravior	schwerer
3. Die Höchststufe (**Superlativ**)	gravissimus	der schwerste

Die Verwendungsmöglichkeiten des Komparativs

1. Man vergleicht zwei Lebewesen oder Dinge.

a) Elephantus gravior quam camelus est. — Der Elefant ist schwerer als das Kamel. Beide Teile des Vergleichs stehen im gleichen Kasus. Verbindung: quam

b) Elephantus gravior camelo est. — Der Elefant ist schwerer als das Kamel. Der zweite Teil des Vergleichs steht im Ablativ (Ablativus comparationis).

Beide Sätze werden gleich übersetzt; der Komparativ wird mit deutschem Komparativ wiedergegeben.

2. Man trifft eine Aussage über ein Lebewesen oder ein Ding.

Mus gravior est. — Die Maus ist ziemlich schwer.

Übersetze den lateinischen Komparativ mit einem Adjektiv im Positiv, das du durch ein Adverb (*zu/recht/ziemlich* ...) verstärkst.

Die Formen des Komparativs

Du erkennst den Komparativ an den Silben -ior bzw. -ius, die an den Stamm des Adjektivs gesetzt werden. Er wird ähnlich wie ein Adjektiv der ī-Deklination dekliniert, die abweichenden Endungen sind hervorgehoben.

KOMPARATIV

	m.	f.	n.
Nom. Sing.	grav-**ior**	grav-ior	grav-**ius**
Gen.	grav-iōr-is	grav-iōr-is	grav-iōr-is
Dat.	grav-iōr-ī	grav-iōr-ī	grav-iōr-ī
Akk.	grav-iōr-em	grav-iōr-em	grav-**ius**
Abl.	grav-iōr-**e**	grav-iōr-**e**	grav-iōr-**e**
Nom. Pl.	grav-iōr-ēs	grav-iōr-ēs	grav-iōr-**a**
Gen.	grav-iōr-um	grav-iōr-um	grav-iōr-um
Dat.	grav-iōr-ibus	grav-iōr-ibus	grav-iōr-ibus
Akk.	grav-iōr-ēs	grav-iōr-ēs	grav-iōr-**a**
Abl.	grav-iōr-ibus	grav-iōr-ibus	grav-iōr-ibus

PAPYRUS

Übung – Jetzt bist du dran!

Übersetze:

1. Fluvius longior quam via est.

2. Aedificium altius est.

Die Verwendungsmöglichkeiten des Superlativs

1. Ein Lebewesen oder ein Ding ist allen anderen überlegen.

Elephantus gravissimus omnium est. — Der Elefant ist der schwerste von allen. (Der zweite Teil des Vergleichs steht hier im Genitiv.) Übersetze den lateinischen mit dem deutschen Superlativ.

2. Ein Lebewesen oder eine Sache hat eine Eigenschaft in sehr hohem Maß.

Camelus gravissimus est. — Das Kamel ist sehr schwer.
Übersetze den lateinischen Superlativ mit einem Adjektiv im Positiv, das du durch ein Adverb (*sehr, riesig, wahnsinnig, ungeheuer* ...) verstärkst.

Die Formen des Superlativs

Der Superlativ wird wie ein Adjektiv der ā- und ō-Deklination dekliniert. Man erkennt ihn daran, dass bestimmte Bindesilben vor der Endung stehen.

z.B.	gravis:	schwer	➜	grav-**issim**-us:	der schwerste
	pulcher:	schön	➜	pulcher-**rim**-us:	der schönste
	facilis:	leicht	➜	facil-**lim**-us:	der leichteste

Übung – Jetzt bist du dran!

Übersetze:

1. Templum pulcherrimum omnium templorum est.

2. Arborem video. Arbor altissima est.

Unregelmäßige Steigerung

Einige Adjektive bilden unregelmäßige Komparative und Superlative. Präge sie dir gut ein, wenn sie im Vokabelverzeichnis vorkommen!
Hier sind Kennkarten zu den wichtigsten unregelmäßigen Steigerungsformen:

bonus: gut
melior: besser
optimus: der beste

malus: schlecht
pēior: schlechter
pessimus: der schlechteste

magnus: groß
māior: größer
māximus: der größte

multī: viele
plūrēs: mehr
plūrimī: die meisten

parvus: klein
minor: kleiner
minimus: der kleinste

Auf einen Blick: Steigerung der Adjektive

1. Es gibt drei Stufen: **Positiv**, **Komparativ** und **Superlativ**.
2. Der **Komparativ**:
   - Kennzeichen: **-ior** bzw. **-ius** (gravior, gravius).
   - Teile des Vergleichs: Entweder beide im gleichen Kasus, verbunden mit quam, oder zweiter Teil im Ablativus comparationis.
   - Übersetzung: In Vergleichen: mit deutschem Komparativ.
     Ohne Vergleich: mit einfachem deutschem Positiv, verstärkt durch z.B. *recht, ziemlich, besonders …*
3. Der **Superlativ**:
   - Kennzeichen z.B. **-issim-**, **-rim-** (bei den Adjektiven auf -er), **-lim-** (bei den Adjektiven auf -lis).
   - Übersetzung: Bei Überlegenheit gegenüber allem anderen: mit deutschem Superlativ.
     Bei Beschreibung einer Eigenschaft in sehr hohem Maß: mit deutschem Positiv, verstärkt durch z.B. *sehr, besonders, höchst* ….

Übungen zur Steigerung der Adjektive

1. Positiv gesucht!

Finde den Positiv zu folgenden Komparativen und Superlativen:

1. sanctissimus	sanctus	4. pessimus	
2. notior		5. facilius	
3. iucundior		6. optimus	

2. Pärchen gesucht!

Finde zu jedem Substantiv das passende Adjektiv. Die Kongruenzregeln helfen dir dabei!

amico	maximum
deum	ferocissimorum
templis	minores
animalium	severiora
verba	pulchrioribus
villas	fideliori

3. Ablativus comparationis – kein Problem!

Ersetze in den folgenden Sätzen „quam + Vergleichsglied" durch den Ablativus comparationis. Dann übersetze.

1. Fluvius longior quam murus est.

a) mit Abl. comp.: Fluvius longior muro est.

b) Übersetzung: Der Fluss ist länger als die Mauer.

2. Iulia audacior quam Cornelia est.

a) mit Abl. comp.:

b) Übersetzung:

3. Marcus celerior quam Lucius est.

a) mit Abl. comp.:

b) Übersetzung:

4. Turres altiores quam arbores sunt.

a) mit Abl. comp.:

b) Übersetzung:

4. De rege bestiarum

Überlege bei der Übersetzung genau, wie du die Adjektive am besten übersetzt. Auf den Zusammenhang kommt es an!

Bestiae regem creare cupiunt. Sed quis optimus rex est?

Asinus: Ego patientissimus sum. Itaque rex bonus ero.

Gallus: Sed tu stultior es. Rex stultissimus eris! Ego prudentior asino sum et pulcherrimus omnium. Me regem create!

Columba: Prudentior et pulchrior asino es. Sed ego celerior sum, quod volare possum!

Leo: Columba, volare potes, sed minor es! Ego maior sum quam tu.

Elephantus: Maximam bestiam regem creare cupitis? Ego maxima bestia sum!

Leo: Maximus es. Sed ego fortior omnibus animalibus sum. Itaque ego rex optimus ero!

Schnell – schneller – am schnellsten

Das Adverb und seine Steigerungsstufen

Für die Maus ist wichtig, dass sie eine **Tätigkeit** besonders gut beherrscht:

Celerius **curro.** Ich **laufe** schneller.

Ein Wort, das eine Tätigkeit genauer bestimmt, nennt man **Adverb** (ad - verbum: „zum Verb").

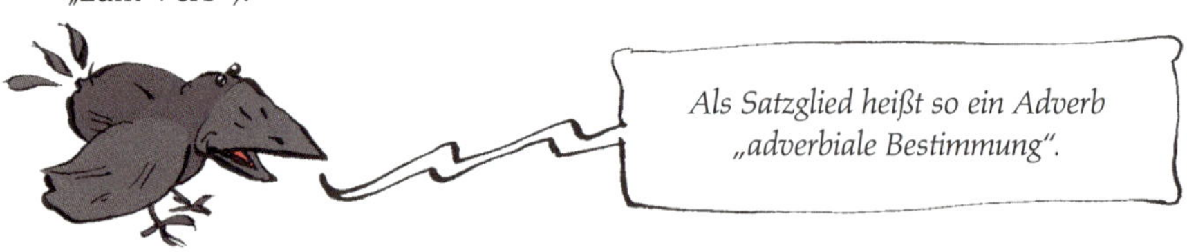

Die Bildung von Adverbien

Viele Adverbien lassen sich von Adjektiven ableiten. Die Bedeutung bleibt gleich.

1. So wird aus einem Adjektiv der ā-/ō-Deklination ein Adverb:

Ersetze die Adjektivendung durch -ē.

Adjektiv: doct-us (gelehrt) ➜ Adverb: doct-ē (gelehrt)

2. So wird aus einem Adjektiv der ī-Deklination ein Adverb:
Gib dem Adjektiv die Adverbendung -(i)ter.
Adjektiv: celer (schnell) ➜ Adverb: celer-i-ter (schneller)
prudens (klug) ➜ prudenter (klug)

3. Andere Adverbien:
Viele Wörter, die du längst als Vokabeln gelernt hast, sind auch Adverbien.
Einige Beispiele: primō (zuerst), postrēmō (zuletzt), heri (gestern), paene (beinahe)

Übung - Jetzt bist du dran!

Adjektiv oder Adverb? Beschrifte erst, übersetze dann den ganzen Satz.

Heri ______ magnus ______ camelus caute ______ per silvam cucurrit et arbores altas ______ diligenter ______ spectavit.

____

____

Die Steigerung von Adverbien

Elephantus celeriter currit.	Der Elefant läuft schnell.
Camelus celerius currit.	Das Kamel läuft schneller.
Mus celerrime currit.	Die Maus läuft am schnellsten.

Adverbien kann man genauso steigern wie Adjektive.
1. Der **Komparativ** des Adverbs hat die Endung -ius (celerius, cautius ...) wie der Komparativ eines Adjektivs im Neutrum.
2. Der **Superlativ** eines Adverbs hat die Endung -ē (celerrimē, cautissimē) wie alle Adverbien, die aus Adjektiven der ā-/ō-Deklination gebildet werden.

Übung – Jetzt bist du dran!

Steigere folgende Adverbien und übersetze.

1.	misere	➜	miserius	➜	miserrime
	elend		elender		am elendesten
2.	fortiter	➜		➜	
3.	caute	➜		➜	

Kennkarten für unregelmäßige Formen

Wenn ein Adjektiv unregelmäßig gesteigert wird, wird natürlich auch das dazugehörige Adverb unregelmäßig gesteigert, z. B.:

bene: gut
melius: besser
optime: am besten

male: schlecht
pēius: schlechter
pessime: am schlechtesten

Auf einen Blick: Das Adverb und seine Steigerungsstufen

1. Ein Adverb ist eine genauere Bestimmung zu einer Tätigkeit.
2. Man kann aus Adjektiven Adverbien bilden.
3. Die Kennzeichen eines Adverbs sind die Endungen
   -ē bei Adjektiven der ā-/ō-Deklination (z. B. cautē) und
   -(i)ter bei Adjektiven der ī-Deklination (z. B. celeriter).
4. Du kannst die Adverbien auch steigern:
   Der Komparativ eines Adverbs endet auf -ius (z. B. celerius).
   Der Superlativ eines Adverbs endet auf -ē (z. B. celerrimē).
5. Daneben gibt es viele andere Adverbien, die man einfach als Vokabeln lernt.

Übungen zum Adverb

1. Lösungswort gesucht!

Welche Wörter könnten Adverbien sein? Unterstreiche sie.
Aus den Anfangsbuchstaben ergibt sich ein Lösungswort.

prudentes – cautius – optimi – equus –
atrociter – novissime – laetus – incautius –
laetiores – sapienter – sapientiae

Das Lösungswort lautet: | | | | |

2. So ein Angeber! Und er will sich noch steigern!

Bilde zu jedem Satz zwei weitere, indem du die beiden anderen Formen des Adverbs bildest. Dann übersetze.

Pos.:	Prudenter ago!	→	Ich handle klug!
Komp.:	Prudentius ago!	→	
Sup.:		→	
Pos.:		→	
Komp.:		→	
Sup.:	Dico doctissime!	→	
Pos.:		→	
Komp.:	Diligentius laboro!	→	
Sup.:		→	
Pos.:		→	
Komp.:		→	
Sup.:	Beatissime vivo!	→	

3. Was für ein Wahlkampf!

Adjektiv oder Adverb? Du findest es heraus, indem du jeweils das Beziehungswort suchst. Kennzeichne die Beziehungswörter durch Pfeile, bevor du übersetzt.

Noch immer streiten sich die Tiere, wer von ihnen König sein soll.

Jedes Tier kennt seine Fehler und versucht, sie zu verbergen …

1. Leo periculosus asinum parvum leniter spectat.

2. Asinus stultus doctissime carmina recitat.

3. Corvus niger diligentius pennas purgat et suaviter cantat.

4. Vulpecula cupida modeste herbas devorat.

4. Wen wählen die Tiere?

Du kannst es herausfinden, indem du dich an ihre Versammlung heranpirschst. Die Karte gibt dir die Wegbeschreibung:

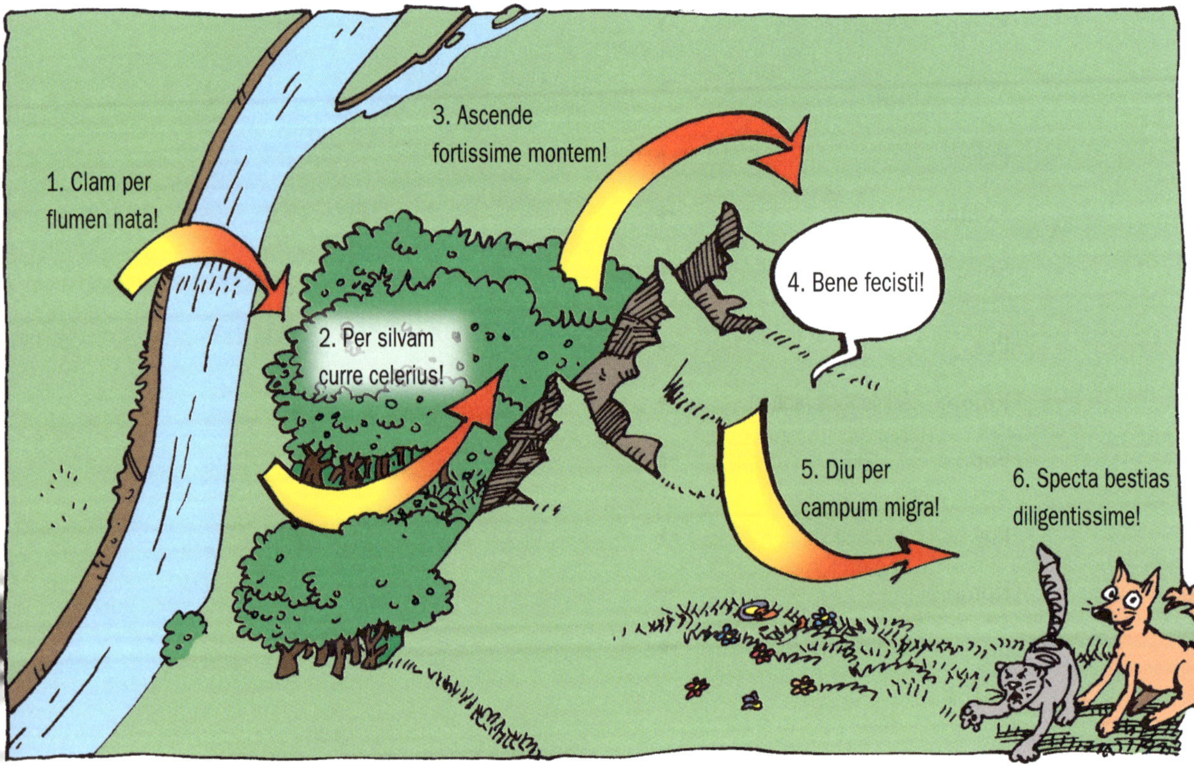

1. Übersetze die Anweisungen.

2. Trage die Adverbien der Reihe nach hier ein. Die hervorgehobenen Felder sagen dir, wer die Wahl gewinnt.

Denkbar und möglich oder nicht erlaubt

Konjunktiv Präsens oder Perfekt im Hauptsatz

Die Familienmitglieder denken darüber nach, was sie mit ihrem Sonntag anfangen könnten. Sie äußern **Überlegungen und Wünsche**.
Um solche Überlegungen und Wünsche auszudrücken, benutzt man im Lateinischen einen besonderen Modus, **den Konjunktiv**.

Denkbar und möglich – Konjunktiv Präsens

1. Quid hodie agamus?	Was sollen wir heute machen?
2. Ambulemus!	Lass uns spazieren gehen!
3. Etiam Clara nobiscum veniat.	Auch Clara soll mit uns kommen.
4. Utinam ne me videant.	Hoffentlich sehen sie mich nicht!

Übung – Jetzt bist du dran!

Unterstreiche in den Sätzen 1–4 im Deutschen und im Lateinischen die Prädikate.

a) Vergleiche die lateinischen und die deutschen Prädikate.

b) Ergänze die folgenden Sätze aufgrund deiner Beobachtungen:

In den lateinischen Sätzen besteht das Prädikat aus ______ Wort.

In den deutschen Sätzen besteht das Prädikat meistens aus ______ Wörtern.

Im Lateinischen werden **Überlegungen** und **Wünsche** durch den **Konjunktiv** ausgedrückt. Im Deutschen dagegen werden Überlegungen und Wünsche durch Modalverben *(wollen, sollen)* im Indikativ oder – wie im 4. Satz – durch Adverbien *(hoffentlich)* ausgedrückt.

Und nun ganz genau: Übersetzungen und Fachbegriffe

1. **Überlegung**	➜ Signale: Konjunktiv Präsens und Fragezeichen	
Quid agamus?	Was *sollen* wir tun?	DELIBERATIV

2. **Wünsche**	➜ Signale: Konjunktiv Präsens / Perfekt	
a) **Aufforderung** (an die 1. Pers. Pl.)		(AD)HORTATIV
Ambulemus!	*Lass(t) uns* spazieren gehen.	
b) **Befehl** (an die 3. Pers. Sing. / Pl.)		IUSSIV
Veniat.	Er, sie, es *soll* kommen.	
Maneant.	Sie *sollen* bleiben.	
c) **Wünsche**		OPTATIV
Utinam veniant.	*Hoffentlich* kommen sie.	
(Utinam) ne me videant.	*Hoffentlich* sehen sie mich nicht.	
Valeas.	*Mögest* du gesund sein.	

Merke: Wünsche werden mit **ne** verneint!

Übung – Jetzt bist du dran!

Ergänze diese Tabelle: Wie heißen die entsprechenden Indikativformen?

Indikativ Präsens	Konjunktiv Präsens	Konjunktivkennzeichen
ambulamus	ambulemus	-e-
	agamus	
	veniat	
vident	videant	-a-
	cupiam	

Sieh dir die Tabelle genau an und ergänze folgenden Satz: Man erkennt den Konjunktiv Präsens

- in der ā-Konjugation am Buchstaben ______,
- in allen anderen Konjugationen am Buchstaben ______ zwischen Stamm und Personalendung.

Nun weißt du, wie man Konjunktivformen bildet. Wende dein Wissen an und konjugiere auf diesen Wunschzetteln einige Verben im Konjunktiv Präsens.

audīre	monēre	laudāre
audi-a-m	mone-a-m	laud-e-m
audi-ā- ______	______	______
audi ______	______	______
audi ______	______	______
audi ______	______	______
audi ______	______	______

Und hier noch der Spezialwunschzettel für esse:

sim, sis, sit, simus, sitis, sint

Kennst du das Passiv schon?

Dann kannst du natürlich auch den Wunschzettel für den Konjunktiv Präsens Passiv ausfüllen:

dūcī	vidērī	amārī
dūc-a-r	vide-a-r	am-e-r
dūc-ā-ris	______________	______________
dūc-ā-tur	______________	______________
dūc-ā-mur	______________	______________
dūc-ā-minī	______________	______________
dūc-a-ntur	______________	______________

So nicht: Konjunktiv Perfekt

Verbote werden im Lateinischen oft durch den Konjunktiv Perfekt + nē ausgedrückt:

Ne clamaveris!	Schrei nicht!
Ne me vexaveritis!	Quält mich nicht!

Kennzeichen für den Konjunktiv Perfekt Aktiv:

clamav-	+	-eri-	+	-tis
Perfektstamm	+	Kennzeichen -eri-	+	Personalendung

Übung – Jetzt bist du dran!

Was will Clara nicht? Setze in ihren Verboten die richtige Form ein und übersetze:

Ne me		! (monere; 2. Pl.)	
Ne me		! (vexare; 2. Sing.)	
Ne me		! (deridere; 2. Sing.)	

Übung – Jetzt bist du gleich nochmal dran!

Ergänze diese Wunschzettel:

claudere	laudāre
claus-eri-m	laudāv-
claus-	laudāv-eris
claus-eri-t	laudāv-
claus-	laudāv-erimus
claus-eri-tis	laudāv-
claus-eri-	laudāv-

Kennst du das Perfekt Passiv schon?

Auch der Konjunktiv Perfekt Passiv besteht aus zwei Wörtern, dem Partizip Perfekt Passiv und einer Form von esse im Konjunktiv Präsens (laudatus sim usw.). Genaueres entnimmst du der Formentabelle im Lösungsheft!

Auf einen Blick: Konjunktiv Präsens und Perfekt im Hauptsatz

1. **Überlegungen und Wünsche** werden durch den Konjunktiv Präsens ausgedrückt.
   - Kennzeichen: -a-, -e-; bei esse: sim …
   - Übersetzung: „wollen"/„sollen"/Adverb („hoffentlich …")
2. **Verbote** werden durch nē + Konjunktiv Perfekt ausgedrückt.
   - Kennzeichen: Perfektstamm + -eri- bzw. PPP + sim …

Übungen zum Konjunktiv Präsens und Perfekt

1. Formensalat!
In der Schüssel findest du Indikativ- und Konjunktivformen. Sortiere sie. Bilde aber zuerst den Infinitiv, das hilft!

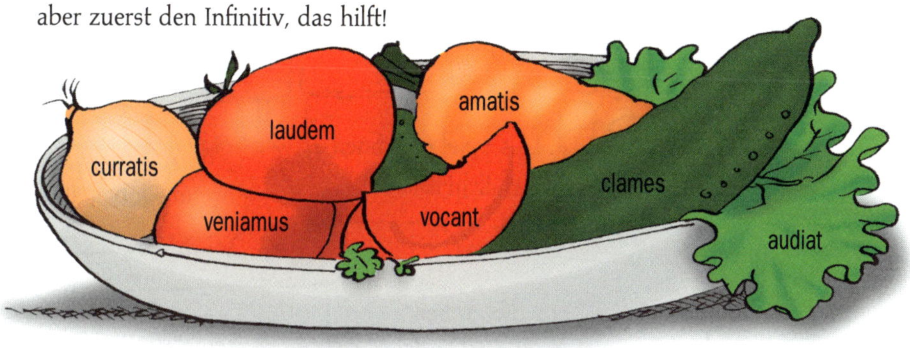

Indikativformen	Konjunktivformen
	audiat (audire),

2. Behalte das Tempus bei – verändere nur den Modus!
Setze die Präsensformen in den Konjunktiv Präsens und die Perfektformen in den Konjunktiv Perfekt. Überlege genau, welches Tempus du vor dir hast!

Indikativ	Tempus	Konjunktiv
1. taces	Präsens	taceas
2. monuit		
3. audivistis	Perfekt	audiveritis
4. agunt		
5. cupivi		

3. Ein Sportler feuert seine Mannschaft an:

Übersetze aus den Sprechblasen die unterstrichenen Wörter ins Lateinische. Der Infinitiv in den Klammern hilft dir. Trage die richtigen Formen waagerecht in das Gitter ein. Die umrandeten Felder verraten dir senkrecht den Namen des Sportlers.

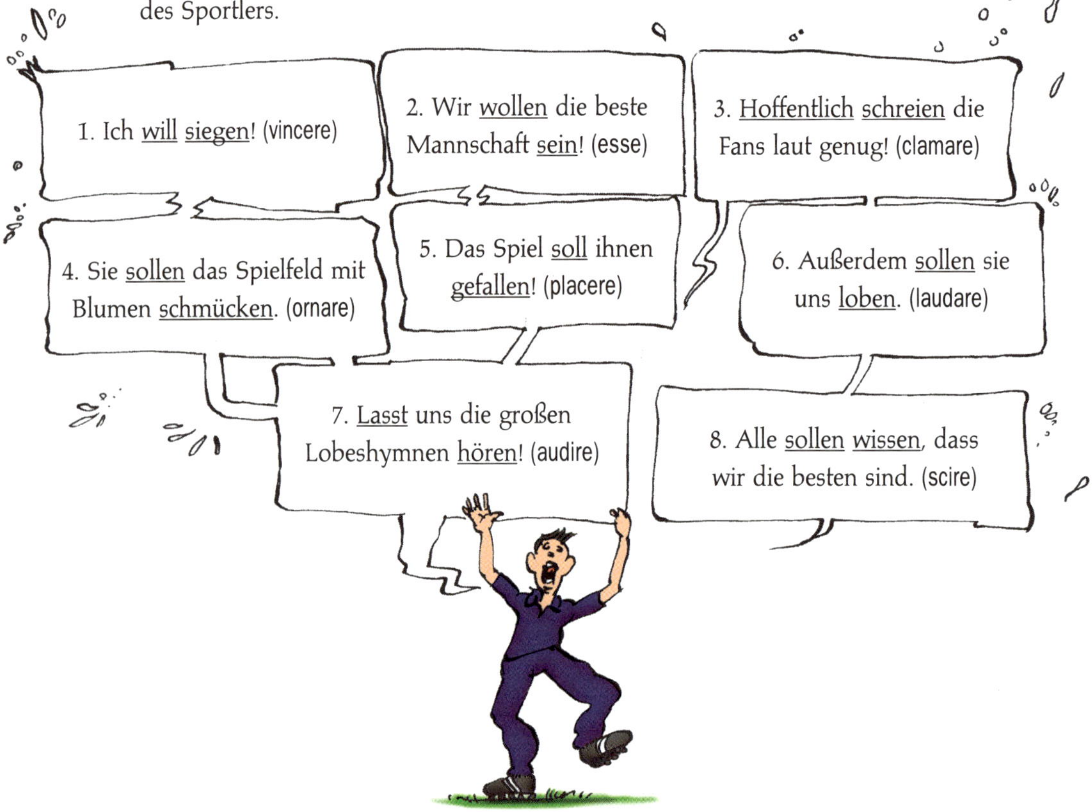

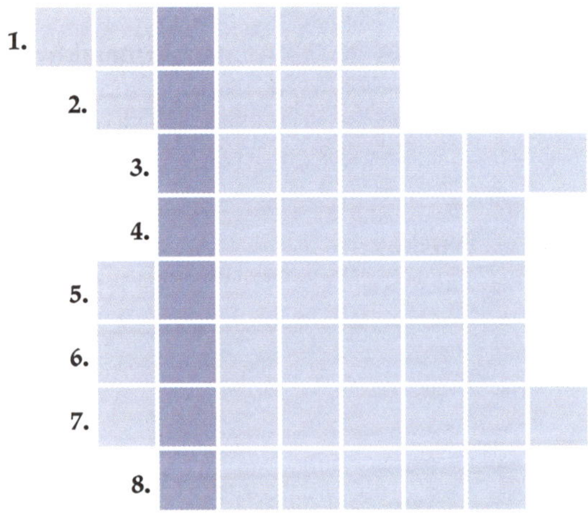

4. Ein Geburtstagsbrief

Julia erhält von ihrem Exfreund Marcus einen Brief (epistula) zum Geburtstag. Peinlich, eigentlich wollte sie ihn gar nicht einladen.
Untersuche zuerst alle Verbformen: Unterstreiche die Konjunktive und unterschlängele die Indikative. Übersetze anschließend.

Iulia: Epistulamne legam? An non legam? Marcus mihi non iam placet. Sed tamen epistulam legam.

Iulia amata mea, ne hanc epistulam ruperis!
Ne negaveris: amica mea fuisti! Itaque lege epistulam!
Ego id scio. Etiam tu id scias. Omnes id sciant:
Semper te amabo. Utinam etiam tu me ames.
Utinam iterum basia mihi des!
Ambulemus per silvam, eamus in theatrum, gaudeamus et amemus!
Hodie dies festus tuus est. Salva et beata sis!
Semper tuus ero! Vale! M.

Iulia: Dei boni! Epistula horribilis ... aut dicam: amabilis? Quid nunc faciam?
Num Marcum invitem?

Wie würdest du dich an Julias Stelle entscheiden?

Denkbar, aber unmöglich

Konjunktiv Imperfekt und Plusquamperfekt im Hauptsatz

Clara wünscht sich etwas, das sie für **nicht erfüllbar** hält.
Für solche Vorstellungen und Wünsche wird im Lateinischen der **Konjunktiv Imperfekt** oder **Plusquamperfekt** verwendet.

1. Fall: Der unerfüllbare Wunsch bezieht sich auf die **Gegenwart**.

lat.: Utinam omnia faciliora **essent!**	dt.: Wenn doch alles einfacher **wäre**!
↓	↓
Konjunktiv Imperfekt	Konjunktiv Imperfekt (oder: „… würde“) Konjunktiv II der Gegenwart

IRREALIS

2. Fall: Der unerfüllbare Wunsch bezieht sich auf die **Vergangenheit**.

lat.: Utinam omnia **didicissem**!	dt.: Wenn ich doch alles **gelernt hätte**!
↓	↓
Konjunktiv Plusquamperfekt	Konjunktiv Plusquamperfekt Konjunktiv II der Vergangenheit

IRREALIS

Die Formen des Konjunktiv Imperfekt

Aktiv	Passiv	Unterstrichen ist:
vidē-**re**-m	vidē-**re**-r	
vidē-**rē**-s	vidē-**rē**-ris	
vidē-**re**-t	vidē-**rē**-tur	
vidē-**rē**-mus	vidē-**rē**-mur	
vidē-**rē**-tis	vidē-**rē**-minī	
vidē-**re**-nt	vidē-**re**-ntur	

Folgende Begriffe gehören in die Lösungsspalte: Personalendung – Präsensstamm – Moduskennzeichen. Ordne sie richtig zu!

Tipp: Lies einmal nur den Präsensstamm (vide-) und das Moduskennzeichen (-re-). Beides zusammen sieht genau so aus wie der Infinitiv Präsens Aktiv!

Die Formen des Konjunktiv Plusquamperfekt

Die fehlenden Personalendungen kannst du ganz einfach ergänzen!

Aktiv		
vocāv-isse-m	→	ich hätte gerufen
vocāv-issē-s	→	
vocāv-isse-____	→	
vocāv-issē-mus	→	
vocāv-issē-____	→	ihr
vocāv-isse-____	→	sie

Spurius sieht sich die Aktivformen genau an und schließt messerscharf: Infinitiv Perfekt und Personalendung ergeben also den Konjunktiv Plusquamperfekt!

Passiv		
vocātus, -a, -um essem	➜	ich wäre gerufen worden
vocātus, -a, -um essēs	➜	
vocātus, -a, -um esset	➜	
vocātī, -ae, -a essēmus	➜	
vocātī, -ae, -a essētis	➜	
vocātī, -ae, -a essent	➜	

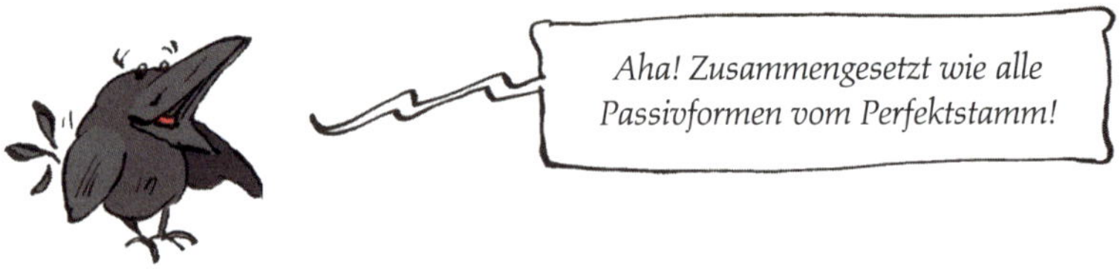

Auf einen Blick: Konjunktiv Imperfekt und Plusquamperfekt im Hauptsatz

Unerfüllbare Überlegungen und Wünsche werden:

1. in der Gegenwart durch den Konjunktiv Imperfekt ausgedrückt.
   a) Kennzeichen: **Infinitiv Präsens Aktiv + Personalendung**.
   b) Übersetzung: Deutscher Konjunktiv Imperfekt oder „… würde“.
2. in der Vergangenheit durch den Konjunktiv Plusquamperfekt ausgedrückt.
   a) Kennzeichen: **Infinitiv Perfekt Aktiv + Personalendung bzw. PPP + essem** …
   b) Übersetzung: Deutscher Konjunktiv Plusquamperfekt („hätte“, „wäre“).

Übungen zum Konjunktiv Imperfekt und Plusquamperfekt

1. Pingpong!

Auf der einen Seite stehen Indikativformen, auf der anderen Seite Konjunktivformen. Ergänze jeweils das, was fehlt. Achtung: Tempus und Person sollen gleich bleiben!

Indikativ	**Konjunktiv**
vocabant	vocarent
ridebas	
	audivissent
currebant	
	fuisses
cucurrerant	
	darem
laudaverat	

2. Für Passiv-Spezialisten!

Übersetze die folgenden Formen ins Deutsche.

1. laudati essetis ➜ ihr wäret gelobt worden
2. audirentur ➜ sie würden gehört werden
3. data essent ➜
4. vocareris ➜
5. numeraremini ➜
6. visi essemus ➜
7. nominarer ➜
8. auditi essent ➜
9. laudarer ➜

3. Hokuspokus – neue Form!

Verändere immer genau ein Merkmal:

audit	Konj.:	audiat	→	er soll hören
	Imperf.	audiret	→	
	Plqupf.:	audivisset	→	
	Indikativ:	audiverat	→	
amas	Konj.:		→	
	Imperf.		→	
	Plqupf.:		→	
	Indikativ:		→	
legunt	Konj.:		→	
	Imperf.		→	
	Plqupf.:		→	
	Indikativ:		→	
damus	Konj.:		→	
	Imperf.		→	
	Plqupf.:		→	
	Indikativ:		→	

4. Unheilbar verliebt – zurück zur Liebesgeschichte!

Marcus (s. S. 27, Übung 4) hatte seiner Exfreundin Julia einen versöhnlichen Geburtstagsbrief geschickt. Nun erhält er einen Antwortbrief von ihr. Übersetze die Fortsetzung!

Marce, ne scripseris epistulam alteram. Olim te amabam. Et fortasse te amarem etiam nunc, sed tu valde me vexabas. Itaque non iam te amo. Tecum in silva ambularem, amica tua essem, sed tu non solum amicitiam, sed etiam amorem postulas. Utinam ne illam epistulam scripsisses! Nunc id unum scio: nihil intellexisti! Non iam te amo. Utinam id intellegas! Utinam ne epistulas scribas!

Marcus: Amare non iam licet. Scribere non iam licet … Quid feci? Cur Iuliam vexavi? Et quid nunc faciam? Utinam ne Iuliam cognovissem! Utinam ne Iuliam amavissem! Utinam ne puellae basia dedissem! Utinam ne epistulam scripsissem! Tristissimus sum! Utinam Iulia nunc me videret! Sed me non videt. At tamen spero: Utinam Iuliam in via videam! Utinam Iuliae id unum dicere possim: Te amo!

Wiederholung I

Das Dreieck am Rand sagt dir, welches Thema behandelt wird.

1. Julias Traumprinz – Wie heißt er nur?

Julia ist verliebt! Das männliche Wesen ihrer Träume ist selbstverständlich ein Prachtexemplar. Julia denkt daher nur noch in Superlativen.

Das Gitterrätsel ergibt eine nähere Beschreibung von Julias Traumprinzen. Setze dazu das in Klammern angegebene Adjektiv in den Superlativ und denke dabei an KNG. Die fett umrandeten Felder ergeben den Namen des Traumprinzen.

1. Seine Augen sind wunderschön. oculi (pulcher)
2. Er selbst ist der stärkste von allen. (fortis)
3. Außerdem ist er sehr fair. (iustus)
4. Er ist der größte von allen! (magnus)
5. Er ist der Beste! (bonus)
6. Seine Hand ist äußerst sanft. manus (dulcis)
7. Er ist sehr klug und vorausschauend. (prudens)

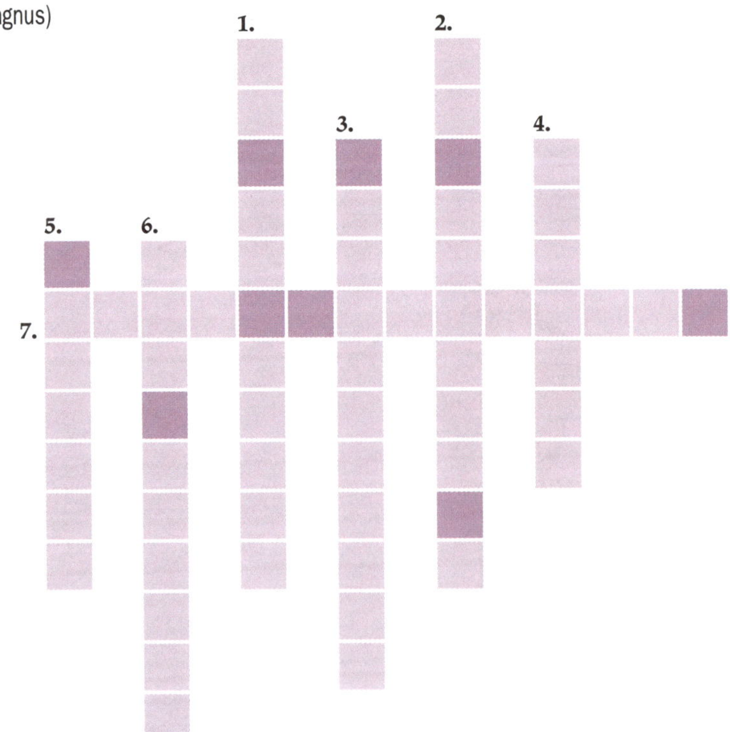

2. Blumiger Vergleich

1. Kreuze die Sätze an, die eine korrekte Aussage enthalten.

a) Flos sinister maior quam flos medius est.

b) Flos dexter minor est quam flos medius.

c) Flos dexter maior quam flos sinister est.

d) Flos sinister minor flore medio est.

e) Flores dexter et medius maiores quam flos sinister sunt.

f) Flos sinister minor est quam flos dexter.

g) Flos medius minor quam flores sinister et dexter est.

2. Forme die angekreuzten Aussagen so um, dass das Vergleichsglied im Ablativus comparationis steht, und trage sie in dein Übungsheft ein.

Flos sinister maior **flore medio** est.

3. Kraftprobe im Wald

Sieh zunächst die drei Bilder genau an. Der Text auf der nächsten Seite erzählt eine Geschichte dazu.

Automatix, Gen.: Automatigis

Asterix, Gen.: Asterigis

Der folgende Text enthält Lücken. Trage in die Lücken die verlangte Steigerungsform des angegebenen Adjektivs ein (**P** = Positiv, **K** = Komparativ, **S** = Superlativ). Achte dabei auf KNG-Kongruenz. Anschließend übersetze in dein Heft.

Bild 1: Automatix Gallus __________ (fortis; **S**) est. Est enim faber. Aliquando cum Asterige (Abl.!), Gallo __________ (parvus; **S**), sed __________ (callidus; **S**), in silva ambulat. Adest etiam Panoramix, homo __________ (sapiens; **S**) vici.

Bild 2: Incipit certamen (Wettkampf) mirabile. Primus Automatix faber se hominem __________ (fortis; **P**) esse demonstrare cupit. Amplectitur (er umfasst) arborem __________ (magna; **S**) et e terra extrahere temptat. Trahit et trahit, sed frustra. Nunc Asterix, qui __________ (parvus; **K**) est quam Automatix, accedit. Nam fabrum, qui __________ (fessus; **S**) est, adiuvare debet.

Bild 3: Asterix, quia nondum laboravit, __________ (alacer munter; **K**) est Automatige (Abl.!). Appropinquat arbori, manibus __________ (parvus; **P**) truncum (Baumstamm) tangit et – craac! – illam arborem __________ (magna; **S**) extrahit. Automatix autem oculis suis vix credere potest. Sine dubio Asterix hodie __________ (fortis; **K**) et __________ (validus; **K**) est fabro Automatige (Abl.!).

Der Grund dafür ist die berühmte potio magica des Druiden Panoramix – der Zaubertrank!

4. Formentafeln

Hier sind die Formen durcheinandergeraten. Ordne sie in die richtige Spalte der Tabelle ein und schreibe den Infinitiv in Klammern dazu.

Konj. Präs.	Konj. Imperf.	Konj. Perf.	Konj. Plusqupf.
conveniat (convenire)			

conveniat – dederim – laudavissem – sis – inveneritis – fecissent – audiremur – amemini – capti essemus – esses – fuerint – vocarentur

5. Konjunktiv-Stapel

Hier stapeln sich Konjunktivformen. Fülle die Lücken.

Konj. Impf. Akt. von dare	Konj. Plusqupf. Akt. von agere	Konj. Perf. Akt. von manere	Konj. Präs. Akt. von capere
	egissem		
dares			
	egisset		
		manserimus	
			capiatis
darent			capiant

6. Paare gesucht

Hier musst du Paare vervollständigen. Konjunktiv Imperfekt sucht Konjunktiv Plusquamperfekt und umgekehrt:

1. dares		5. narrarem	
2. posset		6. maneremus	
3.	cupivissetis	7.	fecisses
4.	vidissent	8.	didicissem

7. Die (Konjunktiv-)Würfel sind gefallen!

Der erste Würfel entscheidet über die Person, der zweite Würfel über das Verb. Los geht's!

⚀ = 1. Pers. Sing. ⚁ = 2. Pers. Sing. ⚂ = 3. Pers. Sing.
⚃ = 1. Pers. Pl. ⚄ = 2. Pers. Pl. ⚅ = 3. Pers. Pl.

⚀ = esse ⚁ = rapere ⚂ = amare
⚃ = dormire ⚄ = videre ⚅ = mittere

Bilde jeweils Konjunktiv Präsens und Konjunktiv Imperfekt Aktiv:

	Konj. Präs. Aktiv	Konj. Imperf. Aktiv
⚀ + ⚂ =		
⚃ + ⚅ =		
⚁ + ⚁ =		
⚄ + ⚃ =		
⚅ + ⚄ =		
⚁ + ⚀ =		

Tipp: Würfele für dich selbst weiter und bilde weitere Formen! Du kannst diese Übung für alle vier Konjunktivformen machen, außerdem auch für das Passiv!

8. Der magische Vorhang!

Hinter dem Vorhang verändert sich die Konjunktivform: Aktiv wird Passiv und umgekehrt!

Vervollständige die Lücken und benenne jeweils den Konjunktiv.

	vocaretur	Konj. Imperf.
laudetis		
	auditi essent	
capiamus		
riserim		
	audiar	

9. Die Konjunktiv-Festung

Setze die Präsensformen in den Konjunktiv Präsens und die Perfektformen in den Konjunktiv Perfekt. Überlege genau, welches Tempus du vor dir hast!

Indikativ	Tempus	Konjunktiv
taces	Präsens	taceas
monuit	Perfekt	
sensistis		
agunt		
cupivi		
salutamus		
risi		

10. Labyrinth

Geh entlang der Konjunktivformen! Die Buchstaben, an denen du vorbeikommst, ergeben als Lösungswort ein lateinisches Kosewort.

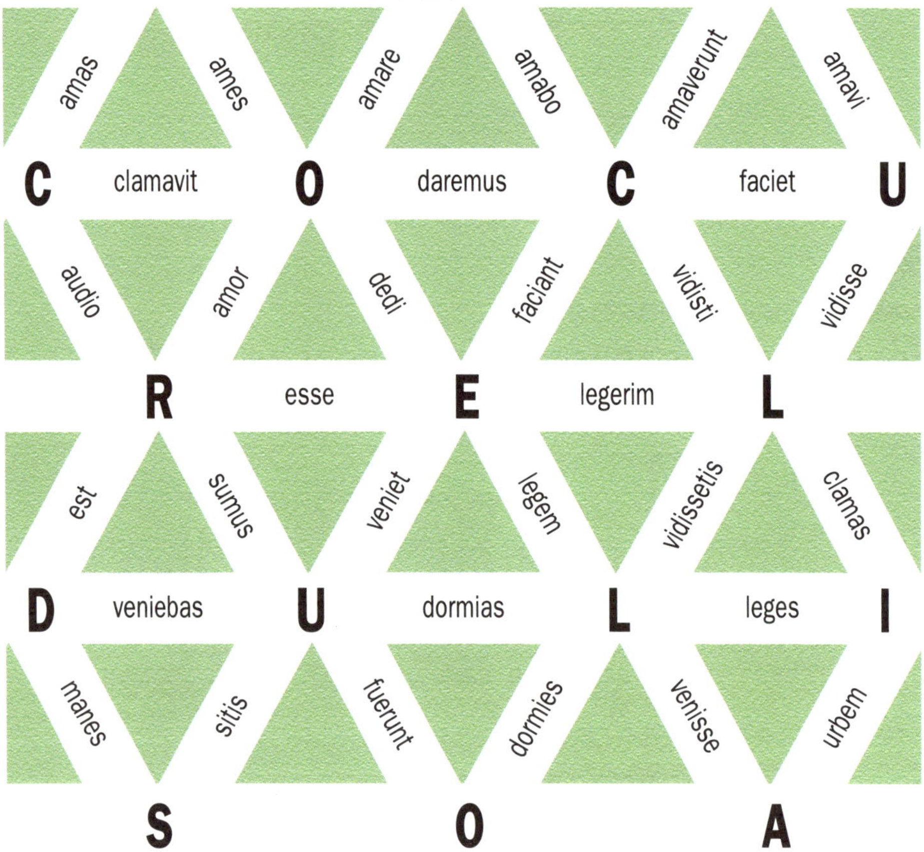

Lösungswort: 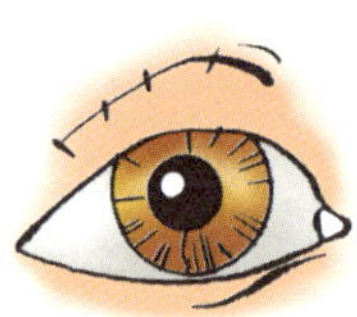 ____________________

(mein) Äuglein

11. Ein wichtiges „Date"

Teil 1: Julia vor dem Treffen

Julia hat eine Verabredung mit ihrem Angebeteten und rechnet sich gute Chancen dafür aus, dass es ein schönes Treffen werden wird.
Wie sind Julias **Wünsche** für das bevorstehende „Date" also gedacht? Kreuze an:
Ihre **Wünsche** sind gedacht als

☐ erfüllbar (➜ gebrauche dann Konj. Präs./Perf.)

☐ unerfüllbar (➜ gebrauche dann Konj. Imperf./Plusqupf.)

1. Vervollständige Julias Wünsche mit den passenden Konjunktivformen. Achtung: Bilde bei mit * gekennzeichneten Verben den Konjunktiv der Vorzeitigkeit.
2. Übersetze die Wünsche in dein Heft.

Utinam Cornelius diem (Termin!) nostram memoria ________ (tenere)!

Utinam ________ (venire)!

Utinam nos sermones iucundos ________ (habere)! Nunc iam in via est.

Utinam Cornelius ad tempus (rechtzeitig) domum relinquere ________ (posse*)!

Ne ego eum frustra (vergeblich) ________ (exspectare*)!

Teil 2: Bei Cornelius zu Hause

Arme Julia! Während sie sich auf das Treffen freut, wartet auf Cornelius zu Hause viel Arbeit. Seine Eltern haben alle Hände voll zu tun, um alles für eine Einladung vorzubereiten, und Cornelius muss mit anfassen. Jetzt gerade unterhalten die Eltern sich darüber, was Cornelius alles erledigen soll und was sie selbst übernehmen.

1. Vervollständige die **Aufforderungen** mit den darunterstehenden Verben, sodass sinnvolle Sätze entstehen.
2. Übersetze in dein Heft.

Nos domum ________!

Filius flores ________!

Nos cenam ________!

Filius hospites ________ et cordialiter ________!

Etiam Cornelius vesperum bonum ________!

emere – accipere – purgare – salutare – habere – parare

Teil 3: Cornelius im Stress

Cornelius ist außer sich. Es ist ihm klar, dass er zum Treffen mit seinem neuen Schwarm Julia zu spät kommen wird. Hätte er nur besser geplant! Könnte er Julia doch noch antreffen! Doch das ist leider nicht möglich. Entscheide für Cornelius' **Wünsche**:

Seine **Wünsche** sind

- ☐ erfüllbar (➜ gebrauche dann Konj. Präs./Perf.)
- ☐ unerfüllbar (➜ gebrauche dann Konj. Imperf./Plusqupf.)

1. Vervollständige Cornelius' Wünsche mit den passenden Konjunktivformen. Achtung: Bilde bei mit * gekennzeichneten Verben den Konjunktiv der Vorzeitigkeit.
2. Übersetze die Wünsche in dein Heft.

Utinam consilia meliora _____ (capere*)!

Utinam Iuliam ne hodie _____ (invitare*)!

Ne parentes mihi hodie officia _____ (dare*)!

Utinam celerius fulgure (Blitz) currere _____ (posse)!

Utinam Iulia ibi _____ (manere) et ego eam _____ (convenire)!

Teil 4: Julia wartet

Julia wartet nun seit 45 Minuten auf Cornelius. Um sich abzulenken, stellt sie sich vor, wie es im Mittelalter zugegangen ist. Sie, Julia, ein edles Burgfräulein ... Damals hatte das angebetete adelige Fräulein das Sagen ...

Julia zählt auf, was der edle Ritter Cornelius tun **soll**, um ihr seine Liebe zu beweisen. Gebrauche den Konjunktiv Präsens und übersetze in dein Heft:

Cornelius eques cum ceteris equitibus fortiter ______ (pugnare)! Omnes equites in arce mea ________ (convenire)! Cornelius musicam ______ (facere): dulciter ______ (cantare), lyrā hospites ________ (delectare)! Cornelius et amici sermones dulces cum dominis ______ (habere)! Et ii semper ad horam bonam ______ (adesse)!

In ihrer Phantasie kann Julia Cornelius auch Verbote erteilen. Bilde Formen im Konjunktiv Perfekt (2. Pers. Sing.):

Eques, ne sero ______ (venire)!

Ne alias feminas ______ (spectare)!

Ne me ______ (decipere)!

Ne a me sine permissione data (= ohne Erlaubnis) ______ (discedere)!

Teil 5: Julia und Paula

Julia erwacht aus ihrem Tagtraum: „Moment mal! Wir leben im 3. Jahrtausend …, genug geträumt! Ich entscheide selbst, was ich tun will. Im Augenblick will ich jedenfalls nicht länger auf Cornelius warten. He, da kommt ja Paula!" Unterstreiche die Konjunktivformen und übersetze das kurze Gespräch der beiden Freundinnen in dein Heft.

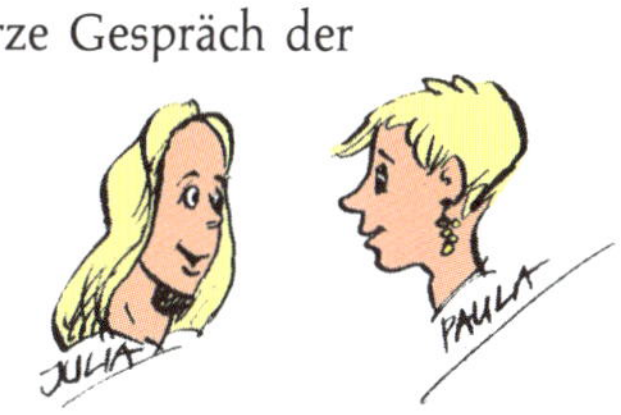

Julia: Paula, salve! Ut vales? Quid agamus ?

Paula: Valeo. Intremus in tabernam! Edamus dulce gelidum (Eis)!

Julia: Optime dixisti. Venio libenter. Faciamus res bonas et narremus fabulas de pueris …

Paula: Incipe! Quid novi ? Dicamus de Cornelio illo!

Etwas Besonderes I

Das Spezialverb ire

Linus fasst die Unterhaltung für den Freund, der kein Latein kann, zusammen:
„Es geht darum, wie wir alle nach Pompeji kommen.
Sie nehmen das Fahrrad: Birotis **eunt**! Wir gehen zu Fuß: Pedibus **imus**!"

Spezialverben

Spezialverben sind Verben mit Besonderheiten. Bei ire ist es der kurze Stamm i-.
Doch du hast es schon gemerkt: pedibus **i-mus** – **wir gehen** zu Fuß.
So speziell ist ein Spezialverb gar nicht! Auch Spezialverben werden aus den beiden dir bekannten Bestandteilen Stamm und Personalendung gebildet.

Die Präsensformen von īre

Ergänze die Amphoren! Die Zerlegung in Stamm und Personalendung ist schon angedeutet:

Infinitiv	īre	Konj. Präsens
1. Pers. Sing.	e-ō	e-a-m
2. Pers. Sing.	ī-	e-ā-s
3. Pers. Sing.	i-	e-a-
1. Pers. Pl.	ī-	e-ā-
2. Pers. Pl.	ī-	e-ā-
3. Pers. Pl.	e-u-	e-a-
Imp. Sing.	ī !	
Imp. Pl.	ī- !	

Übung – Jetzt bist du dran!

Ergänze die Kennkarte von īre.

Infinitiv	īre,	Bedeutung:
1. Pers. Sing. Ind. Präs.		
1. Pers. Sing. Ind. Perf.	iī,	
PPP		

Auf einen Blick: Das Spezialverb īre

1. Wie alle Verbformen werden auch Spezialverben wie z.B. īre gebildet aus Stamm und Personalendung.
2. Der Präsens- und der Perfektstamm von īre sind sehr kurz: i-, z.B. i-t (er, sie, es geht), ī-it (er, sie, es ist gegangen).
3. Im Präsens stechen zwei Formen hervor: 1. Pers. Sing. Ind. Präs.: **eō** (ich gehe), 3. Pers. Pl. Ind. Präs.: **eunt** (sie gehen).
4. Übrigens: Alle Formen von īre findest du im Lösungsteil auf S. 16–17.

Etwas Besonderes II

Das Spezialverb ferre

Linus erzählt Clara einen wundervollen Traum:
Asini saccos nostros ferunt! Esel tragen unsere Rucksäcke!

Die Präsensformen von ferre

Die Formen von ferre sehen ähnlich aus wie die Formen von legere.
Ergänze die Amphoren! Die Zerlegung in Stamm (falls nötig: Bindevokal) und Personalendung ist schon angedeutet:

Infinitiv	**ferre**	**tragen, bringen**	**legere**
1. Pers. Sing.	fer-	ich trage	leg-
2. Pers. Sing.	fer-	du	leg- -
3. Pers. Sing.	fer-t	er, sie, es	leg- -
1. Pers. Pl.	fer-**i**-	wir	leg- -
2. Pers. Pl.	fer-	ihr	leg- -
3. Pers. Pl.	fer-**u**-	sie	leg- -
Imp. Sing.	fer!	trage!	leg- !
Imp. Pl.	fer- !		leg- - !

Übung – Du bist schon wieder dran!

Beschrifte die Kennkarte von ferre. Das Spezialverb ferre hat besondere Stammformen. Achte vor allem auf den Perfektstamm (tul-) und das PPP (lātum):

ferre tragen, bringen
ferō,
tulī,
lātum

Übung – Du bist wieder dran !

Linus berichtet Clara weiter von seinem Traum von den Eseln, die die Rucksäcke tragen:
Ergänze die fehlenden Formen von ferre und übersetze in dein Heft.

Linus: Diu nos saccos ________ (Imperfekt). Subito venerunt asini, qui saccos ________ cupiebant. Sumpserunt et ________ (Perfekt Aktiv) saccos. Sed id satis non erat! Ego quoque – mirabile dictu! (unglaublich!) – ab asino ________ (Perfekt Passiv).

Clara: O quantum somnium! Quis autem me nunc ________ (Präsens)?

Auf einen Blick: Das Spezialverb ferre

1. Die Präsensformen von ferre sehen ähnlich aus wie die von legere. Im Präsens fehlt bei dem Spezialverb ferre an mehreren Stellen der Bindevokal. Die Formen des Präsens lauten daher: ferō, fers, fert, ferimus, fertis, ferunt.
2. Die Stammformen von ferre lauten: ferre, ferō, tulī, lātum.
3. Übrigens: Alle Formen von ferre findest du im Lösungsteil auf S. 16–17.

Etwas Besonderes III

Die Spezialverben velle und nolle

Meinungsverschiedenheiten bleiben auch unter guten Freunden nicht aus. Clara und Linus streiten sich:

Nolo! Ich will nicht! Volo! Ich will!

Die Präsensformen von velle und nōlle

1. Ergänze zunächst die velle-Amphore!

Infinitiv	**velle**	**wollen**	**nōlle**	**nicht wollen**
1. Pers. Sing.	vol-	ich will	nōl-	
2. Pers. Sing.	vī-	du	nōn vīs	
3. Pers. Sing.	vul-	er, sie, es	nōn v	
1. Pers. Pl.	vol-u-	wir	nōl-u-	
2. Pers. Pl.	vul-	ihr	nōn v	
3. Pers. Pl.	vol-u-	sie	nōl-u-	
Imp. Sing.	---	---	nōl-i!	
Imp. Pl.	---	---	nōl-ī-te!	

2. Ergänze nun die nolle-Amphore! Sieh dir dafür die 2. Pers. Sing. genau an: non vis – du willst nicht.

Tipp: nolle ist entstanden aus non velle.
Der Ursprung von nolle (non velle) zeigt sich in den Formen

________, ________ **und** ________.

Übung – Du bist schon wieder dran!

Ergänze die Kennkarten von velle und nōlle.

velle, ________	nōlle, nicht wollen
volō,	________,
voluī,	________,

Die Verwendung des Imperativs noli / nolite!

Dieser Imperativ ist nur in Verbindung mit einem Infinitiv üblich, und zwar um ein Verbot auszudrücken.
So fordert der alte Mann im Hafen von Sorrent Clara und Linus auf:

Nolite disputare! Streitet nicht! oder: Noli clamare! ________
(Übersetze du!)

Auf einen Blick: Die Spezialverben velle und nōlle

1. Im Präsens hat das Spezialverb velle die Stämme vol-, vi- oder vul-. Die Präsensformen lauten daher: volō, vīs, vult, volumus, vultis, volunt.
2. Die Präsensformen von nōlle ähneln den Formen von velle.
   Beachte: nōn vīs, nōn vult, nōn vultis.
3. Die Imperative nōlī! / nōlīte! kommen nur zusammen mit einem Infinitiv vor. Sie drücken ein Verbot aus.
4. Übrigens: Alle Formen von velle und nōlle findest du im Lösungsteil auf S. 16–17.

Übungen zu den Spezialverben ire, ferre, velle und nolle

1. Wohin geht's?

Ordne den Formen von ire die passende Übersetzung zu. Anschließend bestimme die lateinischen Formen.

2. Pers. Sing. Ind. Perf.	isti	sie werden gehen
	ibam	ich bin gegangen
	ibunt	sie würden gehen
	eat	du bist gegangen
	ieras	ihr seid gegangen
	irent	er soll gehen
	istis	ich ging
	ii	du warst gegangen

2. Spezialverben bunt durcheinander!

a) Hier geht es um das Präsens. Bilde die gewünschten Formen und löse so das Rätsel.

1. 1. Pers. Pl. von nolle
2. 2. Pers. Sing. von nolle
3. 1. Pers. Pl. von ferre
4. 1. Pers. Sing. von velle
5. Imperativ Pl. von ferre
6. 3. Pers. Pl. von ire
7. 2. Pers. Sing. von ire
8. 2. Pers. Pl. von velle

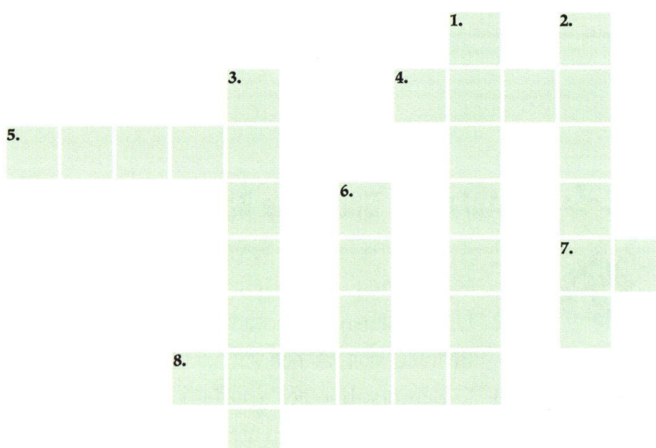

b) Spezialverb-Schlangen!

Nimm die gesuchten Verbformen aus Übung 2 und verändere nur das gewünschte Merkmal.

	➜		➜		➜	
(= Nr. 3 senkrecht)		(Imperfekt)		(3. Pers.)		(Perfekt)
	➜		➜		➜	
(= Nr. 4 waagerecht)		(Imperfekt)		(Pl.)		(Präsens)

3. Wie es mit dem Streit um Capri weitergeht

Übersetze in dein Heft.

Der alte Mann, den Clara und Linus im Hafen von Sorrent treffen, macht ihnen klar, dass sie sich auf eine gemeinsame Lösung einigen müssen. Die beiden diskutieren folgendermaßen:

Clara: Ego Capreas (nach Capri) ire volo! Semper illam insulam pulcherrimam visitare volebam!

Linus: Ego quoque insulam visitare volo.

Clara: Quid dicis? Iterum atque iterum dicebas te Capreas ire nolle!

Linus: Recte mones. Res difficilis est: re vera volo ire, sed non possum, quia pecunia me deficit. Semper volumus tempus iucundum agere, locos praeclaros visitare, dulcia edere ... Ista vita autem carior est. Ergo nolo Capreas ire, sed Sorrenti manere praefero.

Clara: Nunc tandem cognosco causam ...! Audi! Plus pecuniae habeo quam tu. Ego autem Capreas ire volo; et non ibo, nisi mecum venies. Ergo propono hoc: ibimus Capreas, ego solvam pretium navis. Quid dicis?

Linus: Clara, generosa es! Eamus Capreas; nam ambo (beide) illam insulam pulcherrimam visitare volumus!

Übung – Du bist schon wieder dran!

Pflastere diese Straße von Pompeji mit den angegebenen Formen von ire und ihren Übersetzungen:

ibatis – iens – ~~is~~ – isti – istis – ieramus – ibo - ierunt

Übung – Jetzt bist du dran!

Schaffe Ordnung, indem du passende Paare verbindest.

velim	3. Pers. Pl. Konj. Imperf.
volebatis	1. Pers. Pl. Ind. Plusqupf.
voluerunt	1. Pers. Sing. Konj. Präs.
voles	3. Pers. Sing. Ind. Präs.
vellent	2. Pers. Pl. Ind. Imperf.
volueramus	2. Pers. Sing. Ind. Fut.
vult	3. Pers. Pl. Ind. Perf.

4. ire-Knacknüsse

a) Kuckucksei:

Eine Form passt nicht zu den anderen. Suche sie heraus und begründe!

b) Übersetzungsnuss knacken.

Wie lautet folgender Satz auf Deutsch?

Cum eo eo eo libenter.

c) Gesucht wird: der kürzeste lateinische Satz, den es gibt!

(Tipp: Er besteht aus nur einem Buchstaben.)

Lateinischer Satz: Deutsche Übersetzung:

5. Was trägst du? Ich trage nicht alles!

Auf Capri machen Clara und Linus eine kleine Wanderung. Clara stöhnt gewaltig unter dem schweren Rucksack, den sie auf ihrem Rücken trägt. Deshalb versucht sie, Linus zu überreden, ihn ihr abzunehmen:

Clara (jammernd): Defessa sum, omnia ferre non possum. Amice, saccum meum fers?

Linus: Saccum tuum? Eum ferre nolo, gravissimus enim est.

Clara (schmeichelnd): Sed vir fortissimus es, certe hunc saccum facile feres...

Linus: Non tam fortis sum. Nec asinus tuus sum, qui omnia fert.

Clara (entrüstet): Nec amicus bonus es. Si me adiuvare non vis, ego saccum fero.

Linus: Ne clamaveris! Da mihi saccum tuum, ego eum feram.

Fragen über Fragen I

Direkte Fragesätze

Linus: Seht mal, hier haben wir die Gelegenheit, endlich mal einige unserer Fragen zu stellen! Los geht's!
Clara: Quis est Neptunus?
Linus: Nonne est deus maris?

Wortfragen

Wortfragen werden durch ein Fragewort (Fragepronomen, z.B. quis, quid, oder Frageadverb, z.B. cur, ubi) eingeleitet. Sie können nicht mit „ja" oder „nein" beantwortet werden, denn sie fragen nach einem bestimmten Satzteil.

Beispiel:	**Quis** est Neptunus?	➜	**Wer** ist Neptun?
	Est deus maris.	➜	

Tipp: Denke bei den Wortfragen an die deutschen „W-Fragen", wie z.B. wer, wie, was …

Übung – Jetzt bist du dran!

Ordne die Buchstaben zu lateinischen Fragewörtern.

erqua (weshalb?)		ruc (warum?)	
diqu (was?)		donaqu (wann?)	

Satzfragen

In Satzfragen findet sich ein kleines Hinweiswort (Partikel, nämlich nonne, num, -ne), das anzeigt, welche Antwort der Fragesteller erwartet. Diese kann Ja! oder Nein! lauten.

1. Linus ist sich seiner Sache ziemlich sicher. Um auszudrücken, dass er eine bestätigende Antwort erwartet, fragt er:

Frage		Erwartete Antwort
Nonne Neptunus est deus maris?	➜	Ita est! / Certe!
Ist Neptun **(etwa) nicht** der Gott des Meeres?	➜	**Ja! / Doch!**

2. Was die Göttin Ceres dagegen betrifft, ist Linus unsicher. Er hält seine Vermutung für falsch und zeigt dies, indem er eine verneinende Antwort erwartet:

Frage		Erwartete Antwort
Num Ceres est dea amoris?	➜	Minime!
Ist Ceres ist **etwa** die Göttin der Liebe?	➜	**Nein!**

3. Linus kann natürlich auch eine Frage stellen, für die er keine bestimmte Antwort voraussetzt. So z. B.:

Frage		Mögliche Antworten
Est**ne** hoc Neptuni templum?	➜	Ita est! / Minime!
Ist das hier ein Neptun-Tempel?	➜	**Ja! / Nein!**

Auf einen Blick: Direkte Fragesätze

1. Wortfragen werden durch ein Fragewort eingeleitet wie z. B. quis, quid, ubi, cur, …
2. Satzfragen enthalten ein kleines Hinweiswort (Fragepartikel), das die Erwartung des Fragestellers anzeigt:

nonne	erwartete Antwort: Ja!/Doch!
num	erwartete Antwort: Nein!
-ne	erwartete Antwort: Ja!/Nein!

Fragen über Fragen II

Indirekte Fragesätze

Der Fremdenführer hat Clara nicht verstanden. Deshalb wiederholt Linus Claras Frage:

Clara rogat, quis Neptunus **sit**.

Clara fragt, wer Neptunus **sei**.

Indirekte Fragesätze

Claras Frage erreicht den Fremdenführer nicht direkt, sondern über Linus. Wenn von einer Frage berichtet wird (= indirekter Fragesatz), steht zur Einleitung im Hauptsatz ein Verb des Fragens, Wissens (bzw. Nichtwissens) oder Sagens. Der indirekte Fragesatz selbst steht im Konjunktiv:

Clara rogat,	quis Neptunus **sit**.
Clara rogat,	quis templum **aedificaverit**.

Übung – Jetzt bist du dran!

Gib Claras Fragen zu Neptun als indirekte Fragen wieder.

1. *Ubi templum maximum Neptuni est?*
2. *Quando templum erectum est?*
3. *Quis templum erexit?*
4. *Quot homines templum hoc anno visitaverunt?*

1. Clara scire vult,
2. Clara rogat,
3. Clara quaerit,
4.

Verschiedene Arten von indirekten Fragen

Indirekte Wortfragen hast du gerade kennengelernt (Clara rogat, **quis Neptunus sit**.). Doch auch die andere Fragesatzart – die Satzfrage – kann als indirekte Frage gestellt werden. Sie wird eingeleitet mit utrum oder an:

Linus möchte wissen, ob Minerva die Göttin der Weisheit ist.

Auf einen Blick: Indirekte Fragesätze

1. Indirekte Fragesätze geben Fragen indirekt wieder. Es können Wortfragen oder Satzfragen sein.
2. Indirekte Fragesätze stehen im Lateinischen im Konjunktiv (zu den Formen siehe die Formentabelle im Lösungsheft).
3. Sie werden im Deutschen meistens mit Konjunktiv übersetzt.

Übungen zu den Fragesätzen

1. Über Göttinnen und einen goldenen Apfel

Clara und Linus unterhalten sich noch immer über Götter. Wähle für die folgenden Fragesätze das passende Fragewort oder Hinweiswort aus und übersetze in dein Heft. (Mehr über den mythischen Schönling Paris (Gen.: Paridis!) erfährst du übrigens im Lösungsheft auf S. 7.)

num – ubi – nonne – cur – quis – nonne

Linus:				Clara:
1.		fabulam de malo aureo narrare potes?	➜	Certe possum.
2.		de deis legere possum?	➜	Apud Ovidium, poetam clarum.
3.		malum aureum a Paride accepit?	➜	Erat Venus, dea pulcherrima.
4.		Iuno Minervaque iratae erant?	➜	Recte putas!
5.		Iuno re vera pulchrior erat?	➜	Minime! Venus pulcherrima erat.
6.		Paris Helenam rapere potuit?	➜	Quia Venus ei amorem feminae pulcherrimae dono dedit.

2. Frauenraub

Übersetze folgenden lateinischen Text in dein Heft.

Ein lauer Sommerabend in Sparta ... Die Sonne wird bald untergehen, alles ist friedlich. Doch plötzlich herrscht helle Aufregung in der Stadt. Was ist geschehen? Der kleine Herkules rennt nach Hause und ruft seinem Vater die ungeheuerliche Neuigkeit entgegen:

Pater: Quid dixisti?
Hercules: Helena regina rapta est!
Pater: Id credere non possum. Scisne certe Helenam raptam esse?
Hercules: Id, quod tibi dico, verum est!

Pater:	Quis eam rapuit?
Hercules:	Paris.
Pater:	Incredibile! Paris, filius Priami, adulescens bonus et pulcher, reginam nostram rapuit!
Hercules:	Id factum est.
Pater:	Nonne Menelaus, maritus Helenae, rex noster, iratus est?
Hercules:	Recte putas, pater. Menelaus furiosus (wütend) est.
Pater:	Parisne iam Troiam navigavit?
Hercules:	Iam abiit.
Pater:	Quid Menelaus facere potest?
Hercules:	Ego nescio. Tu pater es! Nonne scis responsum?
Pater:	Delibero. Nonne facinus est? Debetne Menelaus Paridem quaerere et vincere?

3. Übersetzer gesucht!

Der Reiseleiter der Touristengruppe erkundigt sich bei Clara, Linus und ihrem Freund nach deren Ferienreise. Da der Freund den Reiseleiter nicht versteht, muss für ihn immer wieder übersetzt werden:

Reiseleiter:	Clara für den Freund:
1. Unde venitis?	
2. Iamne diu iter facitis per Italiam?	
3. Quid visitavistis?	
4. Nonne Italia terra pulcherrima est?	
5. Num templum maius templo Neptuni vidistis?	

Dolmetschen ist anstrengend! Hilf Clara auch bei diesen Fragen:

Reiseleiter:	Clara:
6. Rogo, ubi dormiatis.	Ich frage, wo
7. Scire volo, an Pompeii vobis placeant.	
8. Quaero, quando patriam reliqueritis.	

Wenn das Wörtchen wenn nicht wär, ...

si-Sätze mit Konjunktiv

Clara ist enttäuscht, weil Linus, mit dem sie in Pompeji war, nicht in der Disco ist. Claras Äußerung enthält eine Bedingung und Wirkung. Sie spricht im **Konjunktiv**[1], weil ihre Erwartung nicht in Erfüllung geht.

Gehen wir den si-Sätzen (auch Konditionalsätze genannt) und Claras unerfüllbaren Erwartungen auf den Grund:

Si Linus **veniret**, beata **essem**.	Wenn Linus **käme**, **wäre** ich glücklich.
lat. Modus: Konjunktiv Imperfekt	dt. Modus: Konjunktiv II der Gegenwart

Irrealis der Gegenwart
(Das Geschehen tritt nicht ein: Linus kommt nicht.)

Am nächsten Tag erzählt die enttäuschte Clara ihrer besten Freundin:

Si Linus **venisset**, beata **fuissem**.	Wenn Linus **gekommen wäre**, **wäre** ich glücklich **gewesen**.
lat. Modus: Konjunktiv Plusqupf.	dt. Modus: Konjunktiv II der Vergangenheit

Irrealis der Vergangenheit
(Das Geschehen trat nicht ein: Linus ist nicht gekommen)

[1] Diese Aussageform kennst du bereits aus dem Kapitel Konjunktiv in Hauptsätzen. Dort findest du auch Übungen zur Bildung. Wenn du dich nicht mehr genau an die Formen erinnerst, wiederhole sie noch einmal!

Der **Konjunktiv** steht also in **beiden** Sprachen im Haupt- und im Gliedsatz.

Der Aufbau des Bedingungsgefüges

Nisi verbum ‚si' ess**et**, amor tam difficilis non ess**et**.

„Wenn das Wörtchen ‚wenn' nicht **wär**', **wär**' die Liebe nicht so schwer."

Betrachte genau den Aufbau dieses Bedingungsgefüges und du wirst sehen, dass es im Lateinischen und Deutschen nach demselben Muster funktioniert: Im **wenn-Satz** (Gliedsatz) steht die **Bedingung**, im **Hauptsatz** die **Wirkung**, die sich daraus ergibt.

Übung – Jetzt bist du dran!

Ordne jedem lateinischen Satz die richtige deutsche Übersetzung zu und schreibe die passende Nummer vor die Übersetzung.

Ariadne denkt aus Liebe zu Theseus bei sich:

1. Si Theseum adiuvarem, e labyrintho effugere posset.		Wenn ich Theseus nicht gesehen hätte, würde ich jetzt nicht von Liebe zu ihm gepeinigt werden.
2. Si filum (Faden) ei darem, exitum labyrinthi facillime reperiret.		Wenn ich Theseus helfen würde, könnte er aus dem Labyrinth entkommen.
3. Nisi Theseum vidissem, amore eius nunc non vexarer.		Wenn ich ihm einen Faden gäbe, würde er den Ausgang des Labyrinths sehr leicht finden.

Der Potentialis

Eine Sonderform der lateinischen si-Sätze

Wie geht es mit Clara und Linus weiter? Clara gibt nicht auf, vielleicht trifft sie den Freund am nächsten Tag in der Schule.

Si Linum hodie **videam**, eum **salutem**.	Falls ich Linus **sehen sollte**, **werde** ich ihn **vielleicht** grüßen.
lat. Modus: Konjunktiv Präsens	dt. Modus: umschreibend

Potentialis
(Vorsichtige Annahme: Möglicherweise sieht sie Linus heute.)

Merkst du den Unterschied?
Im Lateinischen wird die Chance im Haupt- und Gliedsatz mit dem **Konjunktiv Präsens** ausgedrückt! Die deutsche Sprache muss umschreiben: im Gliedsatz mit dem Konjunktiv des Modalverbs *sollen* und im Hauptsatz mit dem Futur und dem Adverb *vielleicht*.

Auf einen Blick: Modi in den lateinischen Konditionalsätzen

	Gliedsatz Bedingung	**Hauptsatz** Wirkung
1. **Tatsache (real): Realis**	**si + Indikativ aller Tempora**	**Indikativ aller Tempora**
2. **vorsichtige Annahme: Potentialis**	**si + Konj. Präsens**	**Konj. Präsens**
3. **nicht wirklich in der Gegenwart: Irrealis**	**si + Konj. Imperfekt**	**Konj. Imperfekt**
4. **nicht wirklich in der Vergangenheit: Irrealis**	**si + Konj. Plusquamperfekt**	**Konj. Plusquamperfekt**

Übungen zu den si-Sätzen

1. Ein Ausschnitt aus Claras Tagebuch

a) Unterstreiche in den folgenden Sätzen das Prädikat, bestimme Modus und Tempus und die Art des si-Satzes!

	Modus	Tempus	Art des si-Satzes
1. Si amici dicant me Linum amare, recte dicant.		Präsens	
2. Si parentes consentirent, cum Lino in discothecam irem.			Irrealis – Gegenwart
3. Nisi hodie in urbem issem, Linum non vidissem.	Konjunktiv		
4. Quam beata fuissem, si Linus me salutavisset!			

b) Zeige, was du kannst, und übersetze die Sätze in dein Heft!

Tipp: Schau dir noch einmal auf Seite 30 an, wie du im Deutschen den lateinischen Konjunktiv übersetzen musst!

2. si-Sätze für Spezialisten: Stoßseufzer einer Schülerin

Übersetze in dein Heft!

Tipp: In den folgenden Sätzen sind viele Passivformen versteckt.

1. Nisi heri sero in scholam venissem, a magistro reprehensa non essem.
2. Nisi officia a me neglecta essent, in urbem post meridiem ire mihi liceret.
3. Nisi magister discipulos torqueret, ab iis non timeretur.
4. Si possem, omnes magistri a me e schola expellerentur.

BAF: Begehren – Absicht – Folge

ut-Sätze mit Konjunktiv

Clara unternimmt einen neuen Anlauf, Linus zu treffen.
Spurius weiß genau, was los ist:

1. Clara optat, **ut** Linus veni**a**t. Clara wünscht, **dass** Linus kommt.	**Begehren**
2. Clara properat, **ut** Linum conveni**a**t. Clara beeilt sich, **damit** sie Linus trifft/ um Linus zu treffen.	**Absicht**
3. Clara tam pulchra est, **ut** multis plac**ea**t. Clara ist so hübsch, **dass** sie vielen gefällt.	**Folge**

Übung – Jetzt bist du dran!

Unterstreiche jeweils im Deutschen und im Lateinischen die Prädikate der oben stehenden Gliedsätze. Vergleiche ihren Modus! Was stellst du fest?

Im lateinischen Gliedsatz steht das Prädikat im ______________.

Im deutschen Gliedsatz steht das Prädikat im ______________.

Übersetze also das Prädikat des lateinischen ut-Satzes im Deutschen mit Indikativ.

Du hast sicherlich gleich bemerkt, dass Spurius mit zielsicherem Gespür die passende deutsche Bedeutung für **ut** gefunden hat. Er hilft auch dir, dieselbe Treffsicherheit zu entwickeln. Los geht's!

① Begehrsatz

Clara optat, **ut** Linus veniat.

Clara wünscht sich etwas. Was sie sich **wünscht**, steht im **ut**-Satz (= Begehrsatz).

Übung – Jetzt bist du dran!

Übersetze folgende Verben, die ein Begehren ausdrücken!

rogare, ut	bitten, dass	poscere, ut	
admonere, ut		curare, ut	
petere, ut		orare, ut	
postulare, ut		optare, ut	
imperare, ut		adducere, ut	

Merke dir zum Begehrsatz:

1. Nach Verben des Begehrens übersetzt du **ut** mit **dass**.
2. Bei gleichem Subjekt kannst du **ut** im Deutschen mit **zu** + Infinitiv übersetzen.
3. Begehrsätze werden mit **ne** verneint.

Übung – Jetzt bist du dran!

Ein weiterer Ausschnitt aus Claras Tagebuch.
Übersetze in dein Heft:

1. Opto, ut Lino placeam.
2. Linum orabo, ut mecum in cinematographeum (Kino) eat.
3. Curo, ut cum Lino sola sim.
4. Opto, ne Linus me deserat.
5. Fratrem rogo, ut Spurium curet.
6. Rogo amicam, ut mihi vestem pulchram det.

② Finalsatz

Clara properat, **ut** Linum conveniat.

Clara hat eine Absicht. Was sie **beabsichtigt**, steht im **ut**-Satz.

Sie bearbeitet ihre Eltern, damit sie ihr einen Konzertbesuch mit Linus erlauben und vielleicht auch die Karte bezahlen. Wie gelingt es ihr, die Eltern zu überreden? Übersetze die folgenden Sätze in dein Heft und du weißt es.

Übung – Jetzt bist du dran!

Übersetze die verschiedenen Strategien von Clara.

Clara	cenam parat,		**ut abire possit.**
	cum Spurio ambulat,		
	vocabula Latina discit,		
	hortum curat,		
	matrem adiuvat,		

Merke dir zum Finalsatz:

1. Beim Finalsatz übersetzt du **ut** mit **damit**.
2. Übrigens kannst du bei gleichem Subjekt **ut** auch mit **um** … **zu** übersetzen.
3. Finalsätze werden mit **ne** verneint.

Übung – Jetzt bist du dran!

Clara ist erschöpft und will sich ein wenig ausruhen. Plötzlich ruft ihr Vater. Was macht Clara? Übersetze in dein Heft!

1. Primo Clara in hortum se abdit, ne a patre videatur.
2. Tum fratrem ad patrem mittit, ut eum adiuvet.
3. Paulo post in domum clam redit, ut vestem induat (ein Kleid anziehen).

③ Konsekutivsatz

Clara verhält sich sehr geschickt. Die Folge ihres Einsatzes steht im ut-Satz. Übersetze folgenden Satz und du weißt, ob Clara ihre Eltern überreden konnte.

Clara tam callida est, ut parentes precibus suis resistere non possint.

Tipp: Konsekutivsätze sind kein Problem für dich, denn im Hauptsatz steht meistens ein Signalwort, das ein deutsches „so" enthält wie z. B. adeo, eiusmodi (derartig), **ita, sic, tam, tantus, tantopere** (so sehr).

Übung – Jetzt bist du dran!

Spurius – ein perfekter Ratgeber in allen Lebenslagen!
Übersetze folgende Sätze in dein Heft.

1. Spurius tam prudens est, ut omnia efficere possit.
2. Spurius tanti ingenii est, ut Clarae semper consilia bona det.
3. Clara Spurium adeo diligit, ut eum saepe consulat.

Es gibt auch Mini-Hauptsätze, die Konsekutivsätze einleiten. Oft bestehen sie nur aus einem Wort und drücken meistens ein Geschehen aus:

accidit, ut es ereignet sich, dass	evenit, ut es ereignet sich, dass
contingit, ut es gelingt, dass	accedit, ut es kommt hinzu, dass

Merke dir zum Konsekutivsatz:

1. Beim Konsekutivsatz übersetzt du **ut** immer mit **dass** oder **sodass**.
2. Konsekutivsätze werden mit **ut non** verneint.

Übung – Jetzt bist du dran!

Sicherlich kannst du nun wie Spurius die verschiedenen **ut** unterscheiden. Übersetze folgende Sätze in dein Heft und gib jeweils die Sinnrichtung an! Trage in die Kästchen **B** (= **B**egehren), **A** (= **A**bsicht) oder **F** (= **F**olge) ein.

1. Clara tantopere Linum desiderat, ut parentes adiuvet.
2. Clara properat, ut abire possit.
3. Clara patrem orat, ne ante portam discothecae maneat.
4. Parentes Claram monent, ut suo tempore domi (zuhause) sit.
5. Clara vehementer rogat, ut parentes clementes sint.

Achtung: Nach Ausdrücken des **Fürchtens** und **Hinderns** musst du **ne** mit **dass** übersetzen!

timere / metuere, ne fürchten, dass	prohibere, ne abhalten/verhindern, dass
periculum est, ne es besteht die Gefahr, dass	impedire, ne hindern, dass

Übung – Jetzt bist du dran!

Folgende Situation, in die Clara gerät, kommt dir sicher bekannt vor:
Kurz vor dem Discobesuch mit Linus ruft eine gute Freundin von Clara an und will sich mit ihr verabreden. Was fürchtet Clara? Übersetze die Befürchtungen Claras:

1. Timeo / Metuo, ne amica veniat.
2. Periculum est, ne veniat.
3. Prohibere debeo, ne veniat.
4. Eam impedire debeo, ne veniat.

Es gibt **ut**-Sätze auch in der **Vergangenheit**.

Clara cenam **paravit**, ut abire **posset**.	➜	Clara bereitete das Essen, damit sie weggehen **konnte**.
Clara **optavit**, ut Linum **conveniret**.	➜	Clara **wünschte**, Linus **zu treffen**.
Clara tam pulchra **erat**, ut multis **placeret**.	➜	Clara **war** so schön, dass sie vielen gefiel.

Übung – Jetzt bist du dran!

Unterstreiche jeweils im Deutschen und im Lateinischen die Prädikate der Gliedsätze. Vergleiche ihren Modus! Was stellst du fest?

Im lateinischen Gliedsatz steht das Prädikat im ___

und im deutschen Gliedsatz meist im ___.

Merke:

Steht im Hauptsatz eine Zeit der Vergangenheit, findet sich im **ut**-Satz der Konjunktiv Imperfekt.

Sicherlich kannst du jetzt die Regel für Sätze in der Gegenwart selbst ergänzen:

Steht im übergeordneten Satz eine Zeit der ___,

findet sich im **ut**-Satz ___.

Übung – Jetzt bist du dran!

Setze die Sätze, die du von Seite 68 kennst, in die Vergangenheit und übersetze sie anschließend in dein Heft!

Beispiel: Clara Linum tantopere **desideravit**, ut parentes **adiuvaret**.

1. Clara ___, ut abire ___.
2. Clara patrem ___, ne ante portam discothecae ___.
3. Parentes Claram ___, ut suo tempore domi (zu Hause) ___.
4. Clara vehementer ___, ut parentes clementes ___.

Tipp: Die Formen des Konjunktiv Imperfekt findest du im Lösungsheft auf Seite 13.

Achtung Stolpersteine!

persuadēre, contendere, monēre, vidēre: Bei diesen Verben musst du besonders aufpassen, da die Konstruktion je nach Wortbedeutung unterschiedlich ist. Schreibe dir für diese Verben Kennkarten und lerne sie genau:

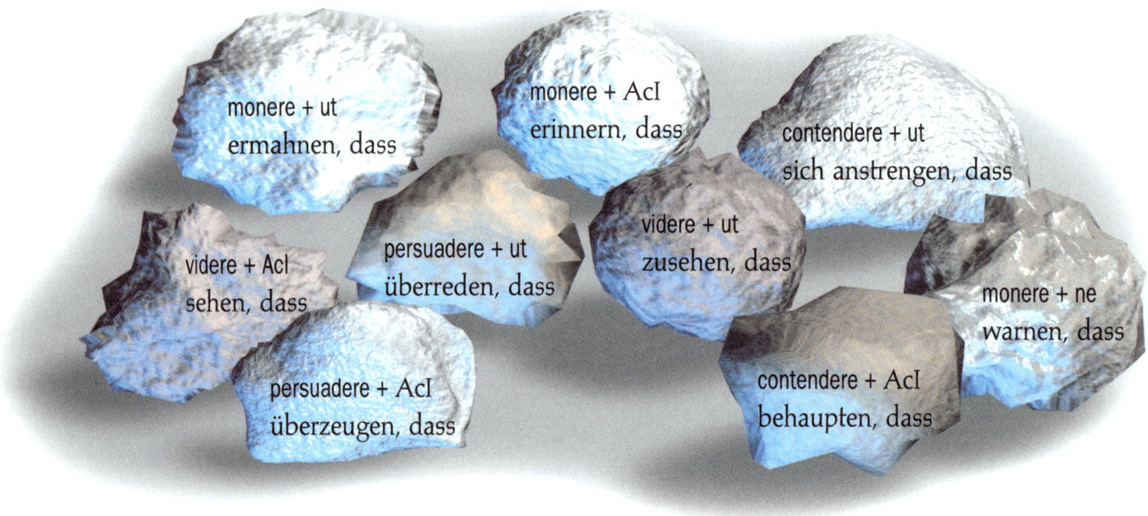

Auf einen Blick: ut-Sätze („BAF")

1. Den Konjunktiv, der im lateinischen **ut**-Satz steht, übersetzt du im Deutschen meist mit der entsprechenden Zeit des Indikativs.
2. **Begehrsätze**: Nach Verben, die ein **B**egehren ausdrücken, wird **ut** mit **dass** übersetzt (Verneinung: **ne**).
3. **Finalsätze**: Nach Verben, die eine **A**bsicht ausdrücken, wird **ut** mit **damit** übersetzt (Verneinung: **ne**).
4. **Konsekutivsätze** bezeichnen die **F**olge. Meistens steht im Hauptsatz ein Signalwort, das ein **so** enthält. Übersetze dann **ut** mit **dass** oder **sodass**. (Verneinung: **ut non**).
5. Nach Verben des Fürchtens und Hinderns übersetzt du **ne** mit **dass**!

Übungen zu den ut-Sätzen

Alle ut-Sätze auf einmal! Sicherlich bist du jetzt schon so fit, dass du alle Sinnrichtungen und Zeiten erkennst.

1. Orpheus und Eurydike
Übersetze folgende Liebesgeschichte aus der Antike in dein Heft und gib jeweils die Sinnrichtung an! (Kürze ab: **B** = **B**egehren; **A** = **A**bsicht; **F** = **F**olge)

1. Evenit, ut Eurydica, uxor Orphei, serpente necaretur.
2. Itaque Orpheus Plutonem et Proserpinam adiit, ut sibi (ihm) uxorem redderent.
3. Tam pulchre cantabat, ut dei Tartari commoverentur.
4. Pluto et Proserpina ei uxorem ea condicione dederunt, ne respiceret.
5. Orpheus autem tanto amore arsit, ut oculos flecteret.
6. Statim Eurydica evasit.

2. AcI oder ut-Satz? Welche Bedeutung musst du wählen?
Nachdem du die Stolpersteine auf Seite 70 genau studiert hast, kannst du die folgenden Sätze, die Caesar über einen berühmten Fürsten der Helvetier schrieb, in dein Heft übersetzen.

1. Orgetorix contendit Helvetios plurimum totius Galliae (in ganz Gallien) valere.
2. Orgetorix Helvetios de hac re eos undique (hier: auf allen Seiten) loci natura contineri (eingeengt werden) monuit.
3. Orgetorix regni cupiditate adductus Helvetiis persuasit, ut e finibus suis exirent.
4. Orgetorix contendit, ut cum proximis civitatibus amicitiam confirmaret.
5. Orgetorix aliis principibus persuasit perfacile esse regnum occupare.
6. Tandem Helvetii viderunt Orgetorigem regnum petere.

Auch der Tak(k)t macht die Musik

cum-Sätze mit Konjunktiv

Die Bedeutungen von cum mit Indikativ hast du bereits kennengelernt (s. Band 2, S. 74–79). Jetzt kommen noch fünf Bedeutungen von cum mit **Konjunktiv** dazu.

1. cum leitet einen **Temporalsatz** ein: **als**		
Cum Clara discothecam intraret, Linus iam aderat.	**Als** Clara die Disco betrat, war Linus bereits da.	cum historicum

2. cum leitet einen **Adversativsatz** ein: **während**		
Linus ad Claram accedit, **cum** haec simulet se Linum non videre.	Linus geht auf Clara zu, **während** diese **(jedoch)** tut, als ob sie Linus nicht sieht.	cum adversativum

3. cum leitet einen **Kausalsatz** ein: **weil**		
Cum Clara hodie pulcherrima sit, Linus statim cum ea saltare vult.	**Weil** Clara heute sehr hübsch ist, will Linus sofort mit ihr tanzen.	cum causale

4. cum leitet einen **Konzessivsatz** ein: **obwohl**		
Clara **cum** saltare cupiat, primo recusat.	**Obwohl** Clara tanzen will, lehnt sie zuerst ab.	cum concessivum

5. cum leitet einen **vorzeitigen Temporalsatz** ein: **nachdem**

Cum autem Linus Clarae dixerit se eam valde diligere, Clara beata est.	Aber **nachdem** Linus Clara gesagt hat, dass er sie sehr schätzt, ist Clara glücklich.

Du darfst nur dann cum mit **„nachdem“** übersetzen, wenn die Handlung des Gliedsatzes **vor** der Handlung des Hauptsatzes liegt.
Die Vorzeitigkeit erkennst du am **Perfektstamm** des Prädikats im Gliedsatz!

Übung – Jetzt bist du dran!

Unterstreiche in den Sätzen 1–5 jeweils im Deutschen und im Lateinischen die Prädikate der Gliedsätze. Vergleiche ihren Modus! Was stellst du fest?

Im lateinischen Gliedsatz steht das Prädikat im ______________.

Im deutschen Gliedsatz steht das Prädikat im ______________.

Übung – Jetzt bist du nochmal dran!

Alles außer Rand und Band! Ordne mit dem „Takkt“-stock die deutschen Bedeutungen von cum ihrer jeweiligen Sinnrichtung zu.

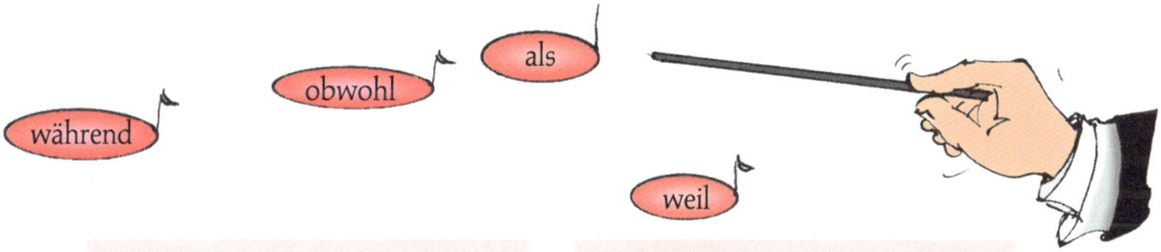

______________	______________
Temporal	Adversativ
______________	______________
Kausal	Konzessiv

Übung – Jetzt bist du dran!

Übersetze nur die **cum-Sätze** und gib jeweils die Sinnrichtung an!
Noch eine Liebesgeschichte aus der Antike: Pyramus und Thisbe.

1. Cum Pyramus et Thisbe amore arderent, patres nuptias vetuerunt.

   ______________________________,
   verboten die Väter die Heirat.

   Sinnrichtung: ______________

2. Cum patres eos praeceptis parere putarent, ambo dolum adhibentes convenire non desinebant.

   ______________________________,
   hörten die beiden nicht auf sich zu treffen, indem sie eine List anwandten.

   Sinnrichtung: ______________

3. Amantes vocis iter fecerunt, cum convenire non possent.
   Die Liebenden wählten den Weg der Stimme,
   ______________________________.

   Sinnrichtung: ______________

4. Murus enim duabus domibus communis rimam duxerat, cum aedificaretur.
Die Mauer nämlich, die beiden Häusern gemeinsam war, hatte einen Riss bekommen, ______________________.
Sinnrichtung: ______________

5. Pyramus et Thisbe cum saepius hoc modo sermonem habuissent, constituerunt nocte clam e domibus excedere.
______________________________, beschlossen sie, heimlich in der Nacht ihre Häuser zu verlassen.
Sinnrichtung: ______________

Übung – Jetzt bist du dran!

Übersetze die Fortsetzung der Liebesgeschichte zwischen Pyramus und Thisbe in dein Heft! Gib jeweils die Sinnrichtung von **cum** an!
Pyramus und Thisbe wollen sich am vereinbarten Ort, einem Maulbeerbaum neben einer Quelle, außerhalb der Stadt treffen.

Thisbe cum ad fontem pervenisset, sub arbore sedit. Cum leo eo venisset, Thisbe fugit et velum (velum n. Schleier) reliquit. Leo cum sitim exstinxisset, velum sanguine bestiae, quam necaverat, maculavit (maculare beflecken). Tum in silvam rediit. Pyramus cum serius exisset, vestem sanguine tinctam (tinctus benetzt) vidit.
Pyramus: „Una nox duos amantes perdet, cum prior huc non venerim." Pyramus cum gladium extraxisset, se ipsum transfixit. Thisbe cum metum nondum deposuisset, tamen ad fontem rediit, ne amantem falleret. Cum Pyramum cognovisset, clamavit: „Pyrame, responde!" Pyramus oculos erexit et clausit, cum puellam vidisset. Tum Thisbe quoque se necavit.

Auf einen Blick: Die cum-Sätze mit Konjunktiv

1. Wenn nach **cum** ein **Konjunktiv** steht, übersetzt du **cum** mit **als**, **während**, **da**, **weil**, **obwohl** und **nachdem** (**TAKKT!**).
2. Im **cum**-Satz steht **Konjunktiv**, im deutschen Gliedsatz immer **Indikativ**.
3. Das **gemeinsame Subjekt** von Haupt- und Gliedsatz steht im Lateinischen **vor** dem Gliedsatz.

Übungen zu den konjunktivischen Gliedsätzen

1. Claras Tagebuch

Übersetze einen weiteren Ausschnitt aus Claras Tagebuch in dein Heft!
Unterstreiche den Konjunktiv Imperfekt rot und den Konjunktiv Plusquamperfekt grün!

1. Si Linus sine amicis in urbe fuisset, fortasse me vidisset.
2. Nisi tam timida essem, Linum adissem.
3. Si heri convenissemus, hodie melius valerem (sich fühlen).
4. Si Linus me in cinematographeum (Kino) invitaret, valde gauderem.
5. Si Linus adesset, musicam audiremus.

2. Die Rettung des Cantorix

Übersetze folgende Episode aus „Asterix gladiator" in dein Heft!
Gib die Sinnrichtung an, indem du die Kästchen mit B für Begehren, A für Absicht und F für Folge ausfüllst.

Caligula Perplexus, dux Romanus, optavit, ut ☐ Caesarem dono pulchro delectaret.
Itaque militibus Parviboni (von Kleinbonum) imperavit, ut ☐ aliquem e numero Gallorum sibi (ihm) afferrent. Gracchus Cuculus centurio: „Cantorix bardus", inquit, „saepe solus in silva ambulat, ut ☐ ibi cantet."

In vico Gallorum:

Cantorix: „Nunc silva me vocat." Obelix: „Vita (vitare meiden), quaeso, silvam, Cantorix!"

Cantorix: „Cura tua, Obelix, adeo permoveor, ut ☐ vix lacrimis abstinere possim."

In silva:

Milites Romani post arbores se abdiderunt, ut ☐ bardum caperent. Subito Cantorix magna voce carmen atrox cantare incipit. Milites ita terrentur, ut ☐ fugiant.

3. Quis sum? – Wer bin ich?

In den folgenden Sätzen stellt sich jeweils eine Gottheit vor. Bestimme die Sinnrichtung der Konjunktion *cum* und identifiziere die Gottheit. Anschließend übersetze in dein Heft.

A. Ego, **cum** maximus potentissimus sim, pater deorum rectorque hominum nominor.

B. **Cum** pulcherrima sim, homines me amant, quibus amorem et pulchritudinem dono.

C. Athenienses tandem, **cum** olivam donum accepissent, urbi nomen meum dederunt.

D. Ego, **cum** deus sim neque terrae neque caeli, tamen sum deus. Tridens est meum signum.

Neptun ◯

Venus ◯

Athene ◯

Jupiter ◯

Wiederholung II

1. Wer ist der Champion im Laufen?

In den folgenden vier „Wörtern" sind zehn verschiedene Formen des Spezialverbs ire versteckt. Rahme sie ein. Übrig bleiben Name und Titel des Champions im Laufen.

Achtung: Die fett gedruckten **i** gehören zum Namen und dürfen daher nicht eingerahmt werden!

Teo**i**imustuiss Peiiistiss Cibourseuntor Oibamptiimus**i**miteus

Name und Titel des Champions lauten:

Notiere hier die zehn Formen von ire und übersetze sie.

eo	1. Pers. Sing. Präs.	Ich gehe.

2. ferre-Schlangen

Bestimme zunächst die Ausgangsform. Bilde nun die neuen Formen, indem du nur das genannte Detail veränderst.

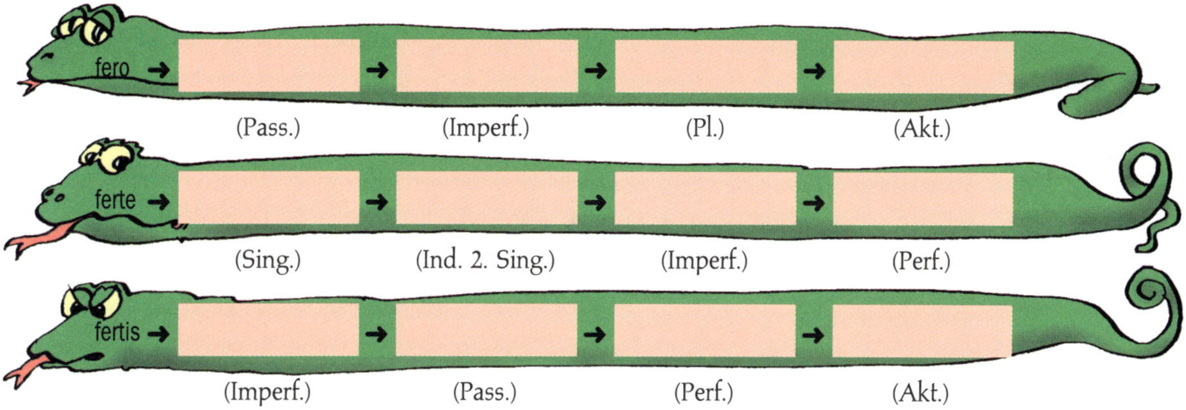

3. Wer will hier was (nicht)?

Linus, Clara und ein Freund überlegen, was sie unternehmen können. Clara möchte in die Disco, Linus ins Kino, und der Freund verliert langsam die Geduld …

In den Sätzen fehlt das Prädikat. Ordne das passende Prädikat zu und bestimme die jeweilige Form von velle und nolle. Übersetze anschließend in dein Heft.

vultis – non vis – vis – voluerant – nolebam – volui (2x) – nolle

Linus: Clara, semper in discothecam ire ________. 2. Pers. Sing. Ind. Präs.

Clara: O Line, tace! Cur hanc excursionem facere ________? ________

Linus: Scis bene me libenter tecum ire. Etiam heri tecum ii, sed re vera spectaculum optimum videre ________. ________

Iam diu amici me illud spectaculum videre ________. ________

Sed iterum atque iterum (ego) ________; ________

et dicebam me ________. ________

Amicus: Clara, Line! Satis est! Quid facere

_____ ? _____

Ego vobiscum vesperum bonum agere

_____ . _____

Quid faciamus?

4. Indikativ-Konjunktiv-Börse!

Auf der linken Anzeigetafel erscheinen Indikativformen, auf der rechten Konjunktivformen der Spezialverben ire, ferre, velle und nolle. Ergänze die Lücken!

Indikativ				Konjunktiv
fert	←	3. Pers. Sing. Präs. Akt.	→	ferat
	←		→	eamus
voluit	←		→	
nolebamus	←		→	
	←		→	tulisses
volo	←		→	

5. Neugierige unterwegs

Der Wissensdurst der jungen Reisenden ist immer noch ungestillt. Hier stehen die drei Freunde vor dem berühmten Amphitheater von Pompeji, in dem es im Jahre 59 n. Chr. zu Krawallen zwischen den Zuschauern gekommen war. Ergänze Claras Fragen durch die folgenden Wörter (verwende jedes nur einmal):

ubi – quomodo – cui – quis – nonne – -ne – num – quid

Clara: Fuit _____ in eo amphitheatro quondam tumultus maximus?

Linus: Ita est.

Clara: _____ illo die pugnavit?

Linus: Illo die erat pugna inter gladiatores claros, Celadum et Glaphyrinum.

Clara: gladiatori Pompeiani favebant?

Linus: Pompeiani Celadum incitabant.

Clara: omnes spectatores Pompeiani erant?

Linus: Minime. Etiam Nucerini ludos visitabant. Hi Glaphyrinum incitabant.

Clara: tumultus ortus est (ist entstanden)?

Linus: Gladiatores in arena pugnabant. Subito etiam in cavea (Zuschauerraum) pugnaverunt spectatores! Primum probra (Beleidigung), deinde saxa, postremo ferrum sumpserunt!

Clara: Horribile dictu! (Wie schrecklich!) omnes salvi domum redire potuerunt?

Linus: Erras, Clara. Pompeiani multos Nucerinos vulneraverunt, nonnullos etiam occiderunt.

Clara: Nero imperator dixit, cum de illo tumultu audivisset?

Linus: Punivit Pompeios. Decrevit enim incolas decem annos ludos habituros non esse.

Clara: Line, optime respondere potes! de illo tumultu audivisti?

Linus: In schola multa de Pompeiis legimus.

Tipp: Trainiere auch das Übersetzen! Eine Musterübersetzung dieses Textes findest du im Lösungsteil auf S. 34.

6. Claras Fragen einmal indirekt

Notiere hier Claras Fragen aus dem vorhergehenden Text. Für alle gilt dieselbe Einleitung (Tipp: Indirekte Fragen stehen im Konjunktiv.):

Clara a Lino quaerit, 1. an in eo amphitheatro tumultus maximus fuerit ... ,

2. ,

3. ,

4. ,

5. ,

6. ,

7. ,

8. .

Vervollständige die folgende Beobachtung zu Zeitverhältnis und Konjunktiv (Nichtzutreffendes streichen):
Claras Fragen sind alle *gleichzeitig/vorzeitig* zum übergeordneten Satz, der im Präsens steht. Sie stehen daher im *Konjunktiv Präsens/Perfekt*.

Notiere hier die Prädikate der indirekten Fragen für den Fall, dass der einleitende Satz im Perfekt steht:

Clara a Lino quaesivit, 1. ________ 5. ________
2. ________ 6. ________
3. ________ 7. ________
4. ________ 8. ________

Streiche das Nichtzutreffende: Claras Fragen sind alle *gleichzeitig/vorzeitig* zum übergeordneten Satz, der im Perfekt steht. Sie stehen daher im *Konjunktiv Imperfekt/Plusquamperfekt*.

7. Dolmetscher unterwegs

Hier ist nun alles gleichzeitig zum einleitenden Satz. Verwende also Konjunktiv Präsens und Imperfekt.

Linus a Clara **quaerit**,

→ ubi amicus sit. (esse)

→ an in flumine lavari ________. (velle)

→ an aquam dare ________. (posse)

→ an defessa ________. (esse)

→ an ________. (esurire)

Linus a Clara **quaesivit**,

→ ubi amicus esset. (esse)

→ an in flumine lavari ________. (velle)

→ an aquam dare ________. (posse)

→ an defessa ________. (esse)

→ an ________. (esurire)

8. Apoll und Daphne (I): Ein Streit unter Göttern und seine Folgen

Kennst du die Geschichte von Apoll und Daphne? An ihrem Anfang stand ein Streit zwischen den Göttern Amor und Apoll. Eines Tages begegneten sich die beiden Götter im Wald, beide ausgestattet mit Pfeil und Bogen.
Kreuze an, ob die Konjunktion **ut** ein **B**egehren, eine **A**bsicht oder eine **F**olge einleitet.

	B	A	F
Apollo Amorem deum magnitudine adeo superavit, ut Amorem rideret.			
Poposcit etiam, ut deus parvus arcum deponeret.			
Deus amoris autem tanta ira incensus est, ut Apollinem puniret.			
Sumpsit enim sagittam auream tetenditque arcum, ut eam in illum immitteret.			
Sagitta ita in corde Apollinis pendebat, ut cor totum amore incenderetur.			
Amor autem iterum arcum tetendit, ut victimam alteram tangeret.			
Tunc elegit sagittam plumbeam (plumbeus: aus Blei), ut e corde Daphnis nymphae amorem expelleret odiumque Apollinis immitteret.			
Amor enim studebat, ut Apollo Amorem quoque potentem esse intellegeret.			

9. Apoll und Daphne (II): Apoll jagt Daphne

Amor demonstriert eindrucksvoll seine Macht (siehe oben): Apoll, der mächtige Gott, ist vor Liebe von Sinnen, die Nymphe Daphne dagegen möchte von ihm nichts wissen.
Übersetze den folgenden Text in dein Heft. Notiere hier, welche Sinnrichtung das cum ausdrückt: *temporal* (als / nachdem); *adversativ* (während); *kausal* (weil); *konzessiv* (obwohl).

	Sinnrichtung:
Cum Apollo nympham tangere temptaret, Daphne fugit.	
Cum Amor deus in corde eius odium Apollinis (Hass auf …) creavisset, nympha ab Apolline tangi noluit.	
Cum Apollo puellae pulchrae basia dare vellet, Daphne eum ne aspicere quidem voluit.	

Sic Apollo, cum deus magnus et fortis esset, ab Amore deo parvo victus est. Invitus (gegen seinen Willen) enim amabat! __________

Cum Apollo, qui fortior celeriorque quam Daphne esset, magis atque magis appropinquaret, nympha iam anhelitum (Atem) dei sentire putabat. __________

Tandem Daphne, cum iam se perditam esse duceret (sich verloren glauben), patrem appellavit. __________

Qui cum motus esset miseria filiae, nympham in arborem mutavit. __________

10. Apoll und Daphne (III): Apolls unendliche Liebe

Daphnes Vater, ein Flussgott, verwandelte seine Tochter in einen Lorbeerbaum. Apoll ist fassungslos, doch er liebt Daphne auch in Gestalt des Baumes. Zurückverwandeln kann er sie nicht. Ergänze du Apolls bedauernde Worte mit dem Konjunktiv Imperfekt oder Plusquamperfekt.

Apollo clamat:

1. O Daphne, si __________ (scire) finem tuam, ego te tangere __________ (nolle).
2. Si __________ (posse), statim tibi formam pristinam __________ (reddere).
3. Si potentiam Amoris antea __________ (intellegere), eum numquam __________ (ridere).
4. Nisi Amor ira __________ __________ (incendere, Passiv), me non __________ (punire).
5. O nympha, si tu minus pulchra __________ (esse), ego te numquam __________ (amare).

Übrigens: Der große Apoll hielt den Lorbeer fortan in Ehren. Nicht umsonst werden gerade aus den Blättern dieses Baumes die Siegerkränze gewunden!

11. Gleichzeitigkeits-Rätsel

Du weißt es ja: Für die Gleichzeitigkeit in einem Nebensatz sind Konjunktiv Präsens (das übergeordnete Prädikat steht im Präsens) oder Imperfekt (das übergeordnete Prädikat steht in einem Vergangenheitstempus) zuständig. Hier ein Formentraining dazu!

Waagerecht:

2 2. Pers. Sing. Konj. Präs. Akt. amare
6 1. Pers. Pl. Konj. Imperf. Pass. colligere
7 1. Pers. Sing. Konj. Präs. Akt. capere
8 3. Pers. Pl. Konj. Präs. esse
9 2. Pers. Pl. Konj. Imperf. Akt. ire

Senkrecht:

1 2. Pers. Pl. Konj. Imperf. Pass. amare
2 2. Pers. Sing. Konj. Präs. Pass. audire
3 1. Pers. Pl. Konj. Präs. Akt. agere
4 2. Pers. Sing. Konj. Imperf. Akt. aperire
5 3. Pers. Sing. Konj. Präs. Pass. movere

12. Vorzeitigkeits-Rätsel

Du weißt auch dies: Für die Vorzeitigkeit in einem Nebensatz sind Konjunktiv Perfekt (das übergeordnete Prädikat steht im Präsens) oder Plusquamperfekt (das übergeordnete Prädikat steht in einem Vergangenheitstempus) zuständig. Auch dazu jetzt ein Formentraining!

Waagerecht:

2 1. Pers. Sing. Konj. Perf. Akt. audire
5 3. Pers. Sing. Konj. Perf. Akt. habere
6 1. Pers. Pl. Konj. Plusqupf. Akt. scribere
7 2. Pers. Pl. Konj. Perf. Akt. esse

Senkrecht:

1 1. Pers. Sing. Konj. Perf. Akt. facere
2 3. Pers. Sing. (f) Konj. Perf. Pass. amare
3 3. Pers. Pl. Konj. Plusqupf. Akt. dare
4 2. Pers. Sing. Konj. Plusqupf. Akt. agere

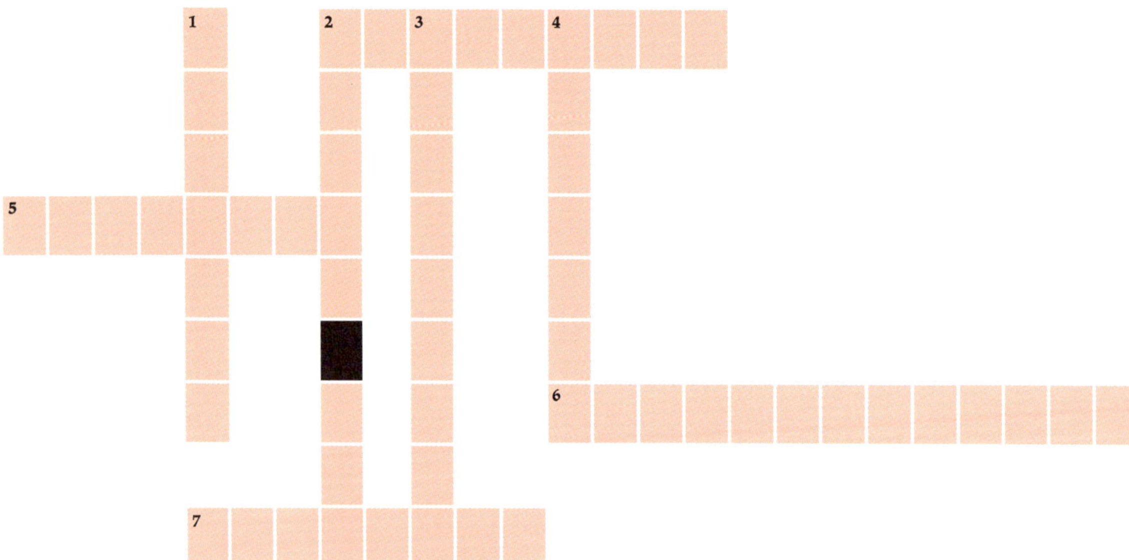

13. Obelix et Falbala: eine Liebesgeschichte aus Gallien

Übersetze in dein Heft.

In vico Gallorum:

Asterix: Comede (aufessen) tertium aprum (Wildschwein), Obelix, ut paulum dormiamus.

Obelix: Tertium repudio, cum fame non premar.

Asterix: Laborasne aliquo morbo, Obelix?

Obelix: Nullo morbo!

Asterix tam inquietus est, ut ad Panoramigem eat. Paulo post ...

Falbala: Salve, o Panoramix, Druida noster!

Panoramix: Salve! Tibine noti sunt Asterix Obelixque?

Falbala: Certe. Quomodo valetis, amici?

Obelix: Vrcstrrg.

Si quis dicat Obeligem Falbalam amare, recte dicat.
Obelix, cum virginem amet, tamen ei occurrere non audet.
Tum demum Asterix amicum adducit, ut eam conveniat.

Asterix: Propera, Obelix, in silvam, ut flores carpas (Blumen pflücken)!

Postea in vico:

Falbala: O! Pulcherrimi sunt isti flores! Manete paulum!

Obelix tam timidus est, ut taceat.

Das Aktiv abgelegt:

Das Deponens

polliceor ist eine Passivform (Endung -or für die 1. Pers. Sing.). Aber: Sie hat eine aktivische Bedeutung – Paris *tut* etwas, er *verspricht*. Also musst du polliceor aktivisch übersetzen.

Ein Verb mit passivischen Formen, aber aktivischer Bedeutung heißt **Deponens**. Ein Deponens hat die **Formen** des Aktivs abgelegt (deponere = ablegen), behält aber seine aktivische **Bedeutung** bei!

Übung – Jetzt bist du dran!

Hier sind die Personalendungen des Aktivs und des Passivs durcheinandergeraten. Hänge zusammen mit Spurius die aktiven Personalendungen an den Nagel!

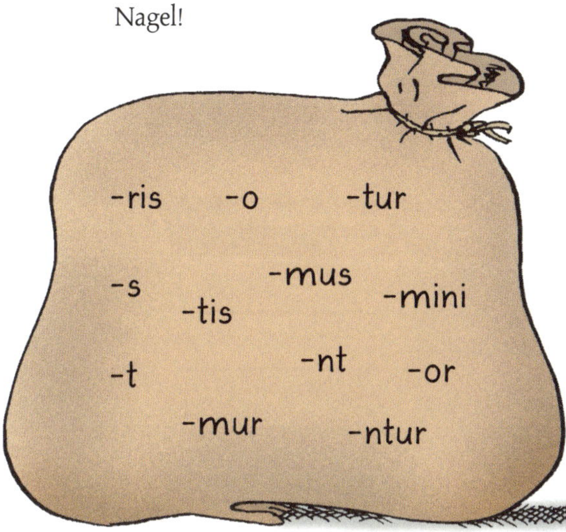

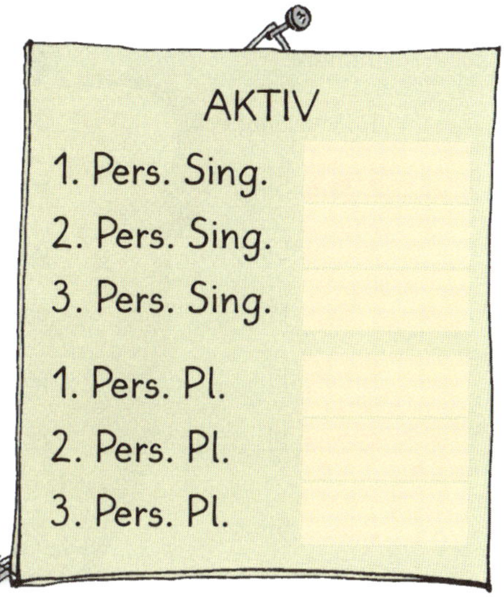

Trage die Personalendungen des Passivs in Spurius' Werkzeugkasten ein:

Passiv:

1. Pers.	2. Pers.	3. Pers.	1. Pers.	2. Pers.	3. Pers.
SINGULAR			PLURAL		

Die Präsensformen: Zum Beispiel die e-Konjugation

Es gibt Deponentien in allen Konjugationsgruppen. Ergänze die pollicērī-Amphore. Vervollständige anschließend die deutschen Bedeutungen.

Infinitiv	**pollicērī**	**versprechen**
1. Pers. Sing.	pollice-	ich verspreche
2. Pers. Sing.	pollicē-	du
3. Pers. Sing.	pollicē-**tur**	er, sie, es verspricht
1. Pers. Pl.	pollicē-	wir
2. Pers. Pl.	pollicē-	ihr
3. Pers. Pl.	pollice-**ntur**	sie
Imp. 2. Sing.	pollicē-**re!**	Versprich!
Imp. 2. Pl.	pollicē-**mini!**	

Kennkarte eines Deponens

Da ein Deponens immer passivische Formen hat, gilt dies für alle Tempora. Die Kennkarte eines Deponens sieht daher so aus:

Infinitiv (vgl. Infinitiv Passiv!) — pollicērī, versprechen

1. Pers. Sing. Ind. Präs. (vgl. 1. Pers. Sing. Ind. Präs. Passiv!) — polliceor,

1. Pers. Sing. Ind. Perf. (vgl. 1. Pers. Sing. Ind. Perf. Passiv!) — pollicitus sum

Übung – Du bist schon wieder dran !

Übersetze die Verbformen! Spurius liefert dir dafür zwei weitere Kennkarten:

arbitrārī, arbitror, arbitrātus sum	meinen, glauben
assentīrī, assentior, assēnsus sum	**zustimmen**

1.	arbitraris		4.	arbitramur	
2.	assentimini		5.	polliceor	
3.	assentitur		6.	assentiuntur	

Die Konsonantische und die Kurz-i-Konjugation

Auch für die Formen der Konsonantischen und der Kurz-i-Konjugation hat Clara Amphoren bereit, gefüllt mit den Deponentien von loquī (sprechen) und ēgredī (hinausgehen).

	loquī	ēgredī
1. Pers. Sing.	loqu-**or**	ēgredi-**or**
2. Pers. Sing.	loqu-**e-ris**	ēgred**e-ris**
3. Pers. Sing.	loqu-i-	ēgredi-
1. Pers. Pl.	loqu-i-	egredi-
2. Pers. Pl.	loqu-i-	ēgredi-
3. Pers. Pl.	loqu-u-**ntur**	ēgredi-u-**ntur**
Imperativ Sing.	loqu-**e-re**!	ēgred**e-re**!
Imperativ Pl.	loqu-i-**minī**!	ēgredi-**minī**!

Übung – Jetzt bist du dran!

Vervollständige die oben abgebildeten Amphoren. Und denk daran: Die Formen des Deponens sehen aus wie die passivischen Formen der jeweiligen Konjugationsgruppe.

Achtung: loqu-**e**-ris – du sprichst
loqu-**e**-re! – Sprich!

egred**e**-ris – du gehst hinaus
egred**e**-re! – Geh hinaus!

Übung – Du bist noch einmal dran!

Übersetze die Verbformen. Unterscheide dabei genau zwischen Deponentien (passivische Form, aber aktivische Bedeutung) und Formen im „echten Passiv" (passivische Form und Bedeutung):

Deponentien	Verben im „echten Passiv"
arbitramini	spectamini
polliceris	rideris
loquitur	legitur
egrediuntur	capiuntur
assentior	audior

Auf einen Blick: Das Deponens

1. Ein Deponens ist ein Verb mit passivischen Formen, aber aktivischer Bedeutung.
2. Die Formen werden immer mit Aktiv übersetzt.
3. Es gibt Deponentien in allen Konjugationen. Die Formen sehen aus wie das Passiv der jeweiligen Konjugation und können in allen Tempora gebildet werden.
   Beispiel: arbitror (Präs.), arbitrābar (Impf.), arbitrābor (Fut. I),
   arbitrātus sum (Perf.), arbitrātus eram (Plusqu.), arbitrātus erō (Fut. II).

Besondere Verben

Die Semi-Deponentien

gaudere ist nur zur Hälfte ein Deponens, genauer gesagt ein sogenanntes Semi-Deponens (griech.: semi = Halb-). gaudere hat nämlich im Präsens, Imperfekt und Futur I aktivische Formen (Tempora des Präsensstamms); im Perfekt, Plusquamperfekt und Futur II (Tempora des Perfektstamms) hat es aber passivische Formen.

Die Kennkarte von gaudēre sieht daher so aus:

Infinitiv **Präsens** → gaudēre (m. Abl.),

1. Pers. Sing. Ind. **Präsens** (aktive Form!) → gaudeō,

1. Pers. Sing. Ind. **Perfekt** (vgl. 1. Pers. Sing. Ind. Perf. Passiv!) → gāvīsus sum

gaudēre (m. Abl.),	sich freuen
gaudeō,	(über/an etwas)
gāvīsus sum	

Übung – Jetzt bist du dran!

Übersetze die Verbformen! Auch hier liefert dir Spurius dafür zwei weitere Kennkarten:

aktivische Formen im **Präsensstamm**!	audēre, wagen audeō,	
passivische Formen im **Perfekt**!	ausus sum	

revertī, zurückkehren revertor,	passivische Formen im **Präsensstamm**!
revertī	aktivische Formen im **Perfektstamm**!

			aktive Form	passive Form
1.	gaudemus	wir freuen uns	x	
2.	audebat			
3.	revertimini			
4.	gavisus est			
5.	ausa erat			
6.	reverterunt			

Ein Fall für sich: fierī

Auch fierī ist nur zur Hälfte ein Deponens. Die Kennkarte von fierī sieht so aus:

im Präsensstamm **aktivische** Formen!	fierī, werden, geschehen, fīō, gemacht werden
im Perfektstamm **passivische** Formen!	factus sum

Achtung: Im Präsensstamm hat fieri eine besondere Aufgabe: Die Formen von fieri dienen als Passiv von facere, z. B. Spurius eques fit – Spurius wird zum Ritter „gemacht".

Die Präsens-Amphore von fierī

Infinitiv	**fierī**	**werden, gemacht werden**
1. Pers. Sing.	fī-ō	ich werde
2. Pers. Sing.	fi-	du wirst
3. Pers. Sing.	fi-	es geschieht/er, sie, es wird gemacht
1. Pers. Pl.	fī-	wir
2. Pers. Pl.	fī-	ihr
3. Pers. Pl.	fi-u-	sie

Präsensstamm: Hier ähnelt fieri also einem Verb der i-Konjugation in Formen des Aktivs, z.B. audire: fio (Präsens), fiebam (Imperfekt), fiam (Futur I).
Perfektstamm: Hier weist fieri ausschließlich passivische Formen auf: factus sum (Perfekt), factus eram (Plusquamperfekt), factus ero (Futur II).

Übung – Du bist wieder dran!

Hier geht es um fieri und facere, also „machen, tun" im Aktiv und Passiv. Ergänze die fehlenden Formen:

Aktiv	Passiv
facit	
	fiebant
	fis
facimus	

Auf einen Blick: Das Semi-Deponens

1. Ein Semi-Deponens ist wie ein Deponens ein Verb mit passivischen Formen, aber aktivischer Bedeutung. Allerdings hat es die passivischen Formen entweder nur im Präsensstamm oder nur im Perfektstamm.
2. Wichtige Semi-Deponentien sind gaudēre, audēre, revertī und fierī. Lerne sie!

Übungen zu Deponentien und Semi-Deponentien

1. Dem Deponens auf der Spur …
Rahme die Anfangsbuchstaben aller Deponentien ein! In die richtige Reihenfolge gebracht ergeben sie als Lösungswort den Namen einer berühmten Griechin!

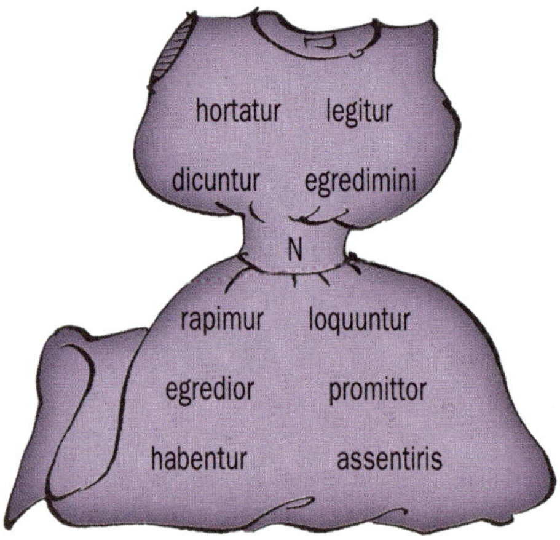

Das Lösungswort lautet:

				N	

2. Der Würfel rollt!
Bilde die gewürfelten Formen und übersetze sie. Der erste Würfel entscheidet über das Verb, der zweite über die Person:

⚀ vehi	⚃ sequi	⚀ 1. Pers. Sing.	⚃ 1. Pers. Pl.
⚁ assentiri	⚄ arbitrari	⚁ 2. Pers. Sing.	⚄ 2. Pers. Pl.
⚂ polliceri	⚅ versari	⚂ 3. Pers. Sing.	⚅ 3. Pers. Pl.

Verb	Person		
⚀	⚃		
⚂	⚀		
⚄	⚂		
⚁	⚁		

Tipp: Du kannst für die Formen-Übung auch selbst würfeln!

3. Deponens oder Passiv?

Kreuze den Satz an, der ein Deponens enthält, und übersetze beide Sätze.

1. a) Pollicetur fidem.

   b) Promittitur fides.

2. a) In urbe versabamur.

   b) Urbs a nobis relinquebatur.

3. a) Orationes a senatoribus habentur.

   b) Amici in foro loquuntur.

4. Mit Clara und Linus unterwegs

Unterstreiche die Deponens- und Semi-Deponensformen und übersetze in dein Heft.

1. Clara domo egreditur et Linum salutat.
2. Tabulam rotalem (= Skateboard) sumit et vehi (fahren) incipit; Linus eam sequitur.
3. Proficiscuntur in urbem, ut amicos videant.
4. Amicos conveniunt. Rident, cum amicis colloquuntur, tabulas rotales experiuntur.
5. Tandem Clara et Linus, postquam diu in urbe versati sunt, domum revertuntur.
6. Excursione cum tabula rotali facta (= Skateboardausflug) gavisi sunt!

Verb und Substantiv zugleich

Das Gerundium

Augustus saepe migrat.	August wandert oft.
Migrando robustus est.	Durch Wandern ist er stark.

„Durch (das) Wandern" ist ein substantivierter Infinitiv. Du erkennst ihn im Deutschen an der Großschreibung.

Im Lateinischen gibt es dafür eine spezielle Form:
das Gerundium (= substantivische nd-Form).
Ein Gerundium kann dekliniert und z.B. mit Präpositionen verbunden werden.
Einige typische Beispiele:

migrandi causa	des Wanderns wegen
migrandi cupidus	begierig zu wandern
ad migrandum	zum Wandern
in migrando	beim Wandern

Die Formen des Gerundiums

Man nennt das Gerundium auch „substantivische nd-Form", weil es das Kennzeichen -nd- (bzw. -end-) zwischen Stamm und Endung enthält. Das Gerundium kommt im Genitiv, Dativ, Akkusativ und Ablativ Singular vor, wobei der Dativ sehr selten ist. Es wird nach der o-Deklination dekliniert.

Ergänze die folgende Tabelle:

Inf.	**amāre**	**monēre**	**audīre**	**legere**	**capere**
Gen.	amandī				
Akk.		ad monendum			ad capiendum
Abl.			audiendō	legendō	

Und jetzt die Übersetzung!

Das lateinische Gerundium kann wie ein Substantiv dekliniert werden und wie ein Verb ein Adverb oder ein Objekt bei sich haben. Deshalb musst du bei der Übersetzung einige Tricks kennen.

Erstes Problem: Bei einem Gerundium steht ein Adverb!

Augustus saepe migrando robustus est.

Wörtlich: August ist durch „oft Wandern" stark.

Trick 1: Suche ein passendes Substantiv! (Das Adverb wird zum Adjektiv.)
➜ „August ist durch häufige Wanderungen stark."

Trick 2: Bilde einen Gliedsatz oder eine Infinitivkonstruktion aus dem Gerundium, je nach dem, was möglich ist. (Das Adverb bleibt ein Adverb.)
➜ „August ist dadurch stark, dass er oft wandert."

Zweites Problem: Ein Gerundium hat ein Objekt bei sich!

Augustus amicam visitandi causa cottidie per silvam migrat.

Wörtlich: August wandert wegen „des die Freundin Besuchens" täglich durch den Wald.

Trick 1: Das Objekt muss seinen Kasus ändern.
➜ „August wandert wegen des Besuchs bei seiner Freundin täglich durch den Wald."

Trick 2: Das Objekt behält seinen Kasus.
➜ „August wandert täglich durch den Wald, um seine Freundin zu besuchen."

TRICKKISTE FÜR DIE ÜBERSETZUNG DES GERUNDIUMS

	Beispiel	wörtlich	mit Substantiv	mit Gliedsatz
Gen.	ars laudandi	die Kunst des Lobens	die Kunst des Lobes	die Kunst zu loben
	laudandi causa	des Lobens wegen	des Lobes wegen	um zu loben
Akk.	ad laudandum	zum Loben	zum Lob	um zu loben
Abl.	laudando	durch das Loben	durch Lob	dadurch, dass ... lobt(e)
	in laudando	beim Loben	beim Lob	während ... lobt(e)

Tipp: Erfasse den Sinn durch die wörtliche Übersetzung. Greife dann in die Trickkiste. Endübersetzung und wörtliche Übersetzung müssen denselben Sinn ergeben!

Auf einen Blick: Das Gerundium (substantivische nd-Form)

1. Das Gerundium ähnelt dem deutschen substantivierten Infinitiv.
2. Es wird gebildet aus dem Stamm eines Verbs + (e)nd + -ī/-um/-ō (z. B. migrandī).
3. Es wird dekliniert wie ein Substantiv, kann aber auch Adverbien oder Objekte bei sich haben wie ein Verb.
4. Übersetzungsmöglichkeiten:
   a) durch einen substantivierten Infinitiv (wörtlich),
   b) durch ein bedeutungsgleiches Substantiv,
   c) durch eine Infinitivkonstruktion / einen adverbialen Gliedsatz.

Übungen zum Gerundium

1. Gerundium oder nicht? Finde den Irrläufer!

a) laudandi – laudanti – legendo – liberandi
b) sciendo – sperandum – sciunt – amando
c) attentum – agendum – amandum – agitandum
d) contenti – parentes – laborandi – stipendia
e) contendo – vendendo – defendendo – respondendo
f) contento – contendo – contendendo – confesso

2. August der Wanderer …

August ist begierig (cupidus) zu wandern, aber auch erfahren (peritus) in seinem Lieblingssport. Wandle die folgenden Sätze um, indem du aus den Infinitivkonstruktionen jeweils ein Gerundium im Genitiv machst.
Schreibe anschließend die Übersetzung der neuen Sätze in dein Heft.

1. Augustus migrare cupit.
   Augustus migrandi cupidus est.
2. Augustus vires exercere cupit.
   Augustus ______ ______ cupidus est.
3. Augustus per silvam ambulare cupit.
   Augustus ______ ______ ______ cupidus est.
4. Augustus celeriter currere solet.
   Augustus ______ ______ peritus est.
5. Augustus montes ascendere solet.
   Augustus ______ ______ peritus est.
6. Augustus totum diem migrare cupit.
   ______
   ______

Mehr Ähnlichkeit für mehr Übersicht

Das Gerundivum als Attribut

Clara in vestibus spectandis observatur. Clara wird beim Betrachten von Kleidern beobachtet.

„Beim Betrachten" ist ein substantivierter Infinitiv (s. voriges Kapitel). Du hast gelernt, dass die Römer hier nd-Formen verwenden. Auch in ... spectandis ist eine nd-Form. Neu ist, dass die nd-Form im Plural steht. Neu ist auch, dass vestibus im gleichen Kasus wie die nd-Form steht (in vest**ibus** spectand**is**).

Was ist passiert?

Der Satz könnte auch heißen: Clara in vest**es** spectand**o** observatur.
Bei der Formulierung in vest**ibus** spectand**is** (s. o.) passen sich Objekt und nd- Form aneinander an.

1. Die nd-Form wird zum Adjektiv: spectandus, -a, -um (Gerundivum, adjektivische nd-Form).
2. Das Adjektiv übernimmt Numerus (Plural) und Genus (Femininum) vom Objekt.
3. Die nd-Gruppe (Objekt und nd- Form) erhält den Kasus, der sich aus dem Zusammenhang des Satzes ergibt (an dieser Stelle Ablativ, denn in steht hier mit Ablativ).

Und jetzt die Übersetzung!

1. Da die ganze Gerundivum-Gruppe im gleichen Kasus, Numerus und Genus steht, erkennst du genau, was dazu gehört.
2. Gehe bei der Übersetzung nach den gleichen Regeln vor wie beim Gerundium.

Übung – Jetzt bist du dran!

Unterstreiche die Gerundivum-Gruppe. Dann übersetze:

1. Amicae ad Claram observandam se occultant.

2. Clara in amicis conspiciendis irata est.

3. Sed amicae Clara vexanda delectantur.

Auf einen Blick: Das Gerundivum (adjektivische nd-Form) als Attribut

1. Das Gerundivum wird gebildet aus dem Stamm eines Verbs + -(e)nd- + -us, -a, -um (z.B. spectandus, -a, -um).
2. Es tritt als Attribut zu einem Substantiv.
3. Beide stehen in KNG-Kongruenz. Dabei bestimmt das Substantiv Numerus und Genus der Gruppe. Der Kasus wird durch die Funktion der ganzen Gruppe im Satz bestimmt (d.h. nach in steht die Gruppe im Ablativ, bei cupidus im Genitiv usw.).
4. Übersetzungsmöglichkeiten wie beim Gerundium:
   a) durch einen substantivierten Infinitiv (nur im Kopf als Rohübersetzung!),
   b) durch ein bedeutungsgleiches Substantiv,
   c) durch eine Infinitivkonstruktion / einen adverbialen Gliedsatz.

Übungen zum Gerundivum

1. Gerundium oder Gerundivum?

Unterstreiche die Gerundivum-Gruppen und übersetze dann alle Sätze.

1. Amicae Clarae vexandae causa per oppidum ambulant.

2. Clara ad amicas effugiendas in tabernam properat.

3. Celeriter fugiendi causa tabernam per fenestram relinquit.

2. Wie wird doch gleich aus einem Gerundium ein Gerundivum?

Wandle auch du einmal eine Gerundium- in eine Gerundivum-Gruppe um!

Amicae in Claram spectando valde rident.

Schritt 1: Bestimme Numerus und Genus von Claram.

N: G:

Schritt 2: Bestimme den Kasus von spectando.

K:

Schritt 3: Die Wörter der Gerundivum-Gruppe, die du jetzt bilden musst, haben also die drei Merkmale:

Kasus	Numerus	Genus

Also heißt der neue Satz:

Amicae in ______ . ______ valde rident.

Die Übersetzung beider Sätze ist gleich. Sie lautet:

______

3. Die Frage nach dem Fall ...

In den folgenden Sätzen fehlt die Gerundivum-Gruppe. Bilde sie in der richtigen Form und setze sie ein. Tipp: Der Kasus-Auslöser ist jeweils markiert!

1. Clara **ad** ______ ______ domum intrat.
   (vestes) (spectare)

2. Amicae ______ ______ **causa** prope fenestram stant.
   (Claram) (videre)

3. Tandem **ad** ______ ______ eas adit.
   (amicas) (vituperare)

4. Genug ist genug!

Clara ist mit ihrer Geduld am Ende. Die beiden können doch nicht dauernd hinter ihr herschleichen! Sie sagt ihnen gehörig die Meinung. Doch auch die beiden Nervensägen sind nicht auf den Mund gefallen ... Schreibe die Übersetzung in dein Heft.

Clara: Nolite me sequendo et observando vexare.

Amicae: Etiam tu nos vestibus turpibus vexavisti! Te intuendo oculi nostri violantur!

Clara: Sed mihi vestes vestrae non placent! Numquam vobis placendi causa faciam, quae cupitis!

Amicae: Nisi nobis parueris, te observando et deridendo vexabimus!

Müssen und werden

Gerundivum mit esse

Die Liebe hat Amor erwischt. Sie zwingt ihn einfach, Clara zu lieben. Und anders kann er es nicht ausdrücken:

Tu amanda es! Du musst geliebt werden.

Es muss etwas geschehen. Um einen solchen Zwang im Passiv auszudrücken, setzen die Römer das Gerundivum als Prädikatsnomen ein.

Merke: Findest du eine nd-Form im Zusammenhang mit einer Form von esse, so übersetze mit „müssen" und „werden."

Übung – Jetzt bist du dran!

Übersetze und ergänze die Hausordnung des Museums!

§1 Statuae aspiciendae sunt.
Die Statuen müssen angesehen werden.

§2 Tabellae legendae sunt.
Die Tafeln ___.

§3 Custodibus parendum est.
Den Wächtern muss ___.

Gut gemacht!

Doch halt! Wozu ist im dritten Satz parendum kongruent? Zu einem „es", das man ergänzen müsste. Deshalb steht es im Neutrum. Verben, die im Aktiv kein Akkusativobjekt bei sich haben (sogenannte intransitive Verben), bilden bei den Gerundivum + esse- Konstruktionen also stets ein Gerundivum im Neutrum.

Das Gegenteil von „müssen": „nicht dürfen"!

Statuae tangendae non sunt.	Die Statuen dürfen nicht berührt werden.

Merke: Wenn du ein Gerundivum + esse mit non findest, musst du mit „nicht dürfen" und „werden" übersetzen.

Der Täter steht im Dativ

Statua mihi aspicienda est.	Die Statue muss von mir angesehen werden.

Auch in einem Passiv-Satz kann man den Täter der Handlung, also das logische Subjekt, ausdrücken. Beim Gerundivum steht es fast immer im Dativ (Dativus auctoris).

Übung – Jetzt bist du dran!

Wer ist der Täter? Markiere in den folgenden lateinischen Sätzen den Täter, der im Dativus auctoris steht, indem du ihn „einkreist". Dann übersetze die Sätze. Doch aufgepasst: Nicht jeder Dativ ist ein Dativus auctoris!

Discipulis multa discenda sunt.

Custodi semper custodiendum est.

Discipulo praeceptis parendum est.
(Tipp: Wer soll wem gehorchen?)

Auf einen Blick: Gerundivum mit esse

1. Das Gerundivum als Prädikatsnomen drückt einen Zwang im Passiv aus.
2. Übersetzung: Gerundivum + esse: müssen und werden
   Gerundivum + nōn + esse: nicht dürfen
3. Das logische Subjekt des Satzes steht im Dativ.

Übungen zum Gerundivum mit esse

1. Ein anstrengender Tag

Museumswächter haben es schwer. Sie müssen …

Vervollständige die Schilderung eines Wächters. Benutze das Gerundivum.

portas aperire – spectatores salutare – statuas custodire – pavimentum (Fußboden) purgare – ianuam claudere

Nos custodes semper laborare debemus:

1. Mane portae nobis aperiendae sunt.
2. Tum ______________________.
3. Totum diem ______________________.
4. Tandem ______________________.
5. Postremo ______________________.

2. Belehrungen

Vor dem Museumsbesuch hat Claras Klassenlehrer eine Menge Anweisungen für seine Schüler. Übersetze sie.

1. Vobis parendum est.

____

____

2. Cunctae statuae vobis spectandae sunt.

____

____

3. Statuae tangendae vobis non sunt.

4. In pavimento sedendum et dormiendum vobis non est.

5. Multa vobis discenda sunt.

3. Aus der Traum!

Claras Lehrer weckt sie – ziemlich wütend, weil sie mitten im Museum eingeschlafen ist. Ergänze die richtigen nd-Formen und übersetze den folgenden Dialog.

1. Magister: Vobis ____________ non esse dixi! (dormire)

   Lehrer: Ich habe gesagt, …

2. Clara: Statuas mihi ____________ esse scio … (spectare)

3. Magister: Multa tibi ____________ sunt! (discere)

4. Clara: Sed tibi non ____________ sum … (vituperare)

5. Magister: ______ non es? (vituperare)

______ es! (punire)

______

6. Fabula tibi ______ est! (scribere)

______

4. Die Strafarbeit

Nun muss Clara tatsächlich zur Strafe einen Aufsatz über ihren Traum verfassen. Schreibe die Übersetzung in dein Heft.

De Clara et deo Amore

Statuam Amoris spectabam, cum Amor subito loqui coepit. Me amandam esse dixit! Respondi: „Tibi deridenda non sum!“ Tum abibam, sed Amor me effugere non sivit. Clamavit: „Noli fugere, puella amata! Nunc mihi amandum, parendum, serviendum est!“ Haec verba mihi valde placuerunt. Laeta exclamavi: „Re vera cuncta, quae cupio, tibi facienda sunt!?!“ Tum a magistro excitata sum …

5. Sprichwörter

Übersetze die Sprichwörter!

6. In der römischen Legion

Für kurze Zeit waren Asterix und Obelix auch mal römische Legionäre. Ihr Feldherr hielt damals eine Ansprache an sie und sagte ihnen, was sie zu tun und zu lassen hätten. Übersetze seine Befehle in dein Heft.

Imperator: Salvete, legionarii! Audite!
Ego imperator vester sum.
Ego impero, vobis parendum est.
In exercitu pugnandi causa estis.
Si non fortiter pugnabitis, puniendi eritis.
Gladium habetis ad hostes interficiendos.
Hic gladius vobis semper purgandus est.
Nunc vobis exercendum est. Abite!

Während der Feldherr seine Befehle brüllte, war Obelix mit seinen Gedanken woanders (vielleicht beim nächsten Wildschwein?) und hörte ihm nicht richtig zu. Deshalb fragte er später Asterix, was denn genau der Feldherr gesagt hätte. Ergänze die Antworten von Asterix und übersetze den Text in dein Heft.

Obelix: Quid imperator dixit? Nobisne parandum est?

Asterix: Nobis non „parandum“, sed ______ est.

Obelix: Ah. Sed in exercitu putandi causa sumus.

Asterix: Non „putandi“, ______ causa in exercitu sumus.

Obelix: Intellego. Et si non bene pugnamus, purgandi sumus. Hoc mihi non placet, Asterix. Purgari nolo.

Asterix: Obelix, imperator dixit nos ______ esse, non „purgandos“.

Obelix: Cur gladium habemus? Ad hostes interrogandos?

Asterix: Gladium habemus ad hostes ______ non „interrogandos“.

Obelix: Ad hostes interficiendos? Delirant isti Romani!

Wiederholung III

1. Noch einmal: Deponens oder Passiv?
Ordne die Formen nach Deponens oder echtem Passiv und übersetze.

verentur – ridentur – sequimur – loquuntur – ponuntur – invenimur – rapior – versamini – uteris – teneris

Deponens	echtes Passiv

2. Übersetzer gesucht
Du findest hier Substantive und Infinitive, um Ausdrücke mit einem Gerundium im Genitiv zu bilden. Kombiniere sie und notiere dann die untenstehenden Ausdrücke lateinisch auf dem Notizzettel des Übersetzers.

~~GAUDIUM~~	BENE VIVERE
OCCASIO	AMARE
ARS	RIDERE
SPES	~~EDERE~~
SIGNUM	INCIPERE

1. die Freude am Essen
2. die Kunst zu lieben
3. die Gelegenheit zu lachen
4. die Hoffnung, gut zu leben
5. das Startsignal
   (= das Zeichen anzufangen)

gaudium edendi

3. Deponens-Rätsel!
Trage die lateinischen Formen in das Gitter ein. Als Lösungswort ergibt sich aus den dunklen Feldern der Name des Entführers der schönen Helena!

1. 1. Pers. Sing. Präs. von uti
2. 1. Pers. Sing. Präs. von pati
3. 3. Pers. Pl. Präs. von vereri
4. 2. Pers. Sing. Präs. von suspicari
5. 1. Pers. Pl. Präs. von oblivisci
6. 2. Pers. Pl. Imperf. von oriri
7. 3. Pers. Sing. Imperf. von proficisci
8. 1. Pers. Pl. Imperf. von egredi

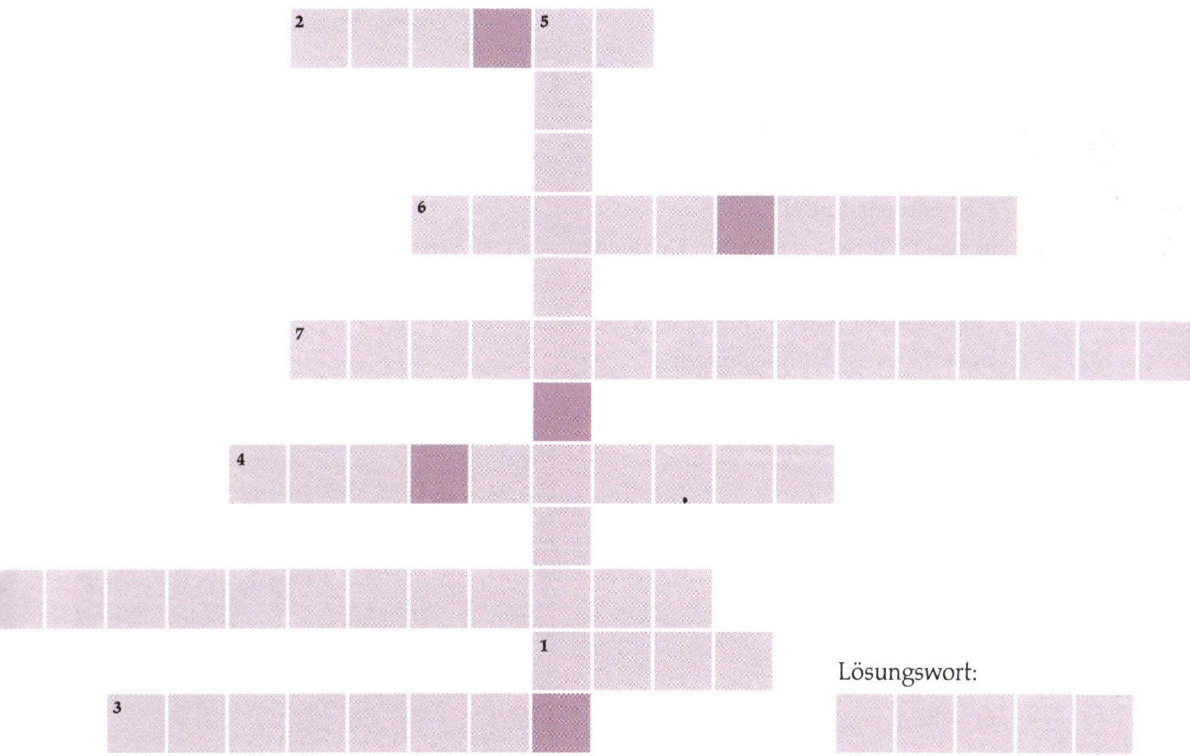

Lösungswort:

4. Sprichwörter (I)

Unterstreiche die nd-Wortgruppe und übersetze mündlich. Notiere dann das entsprechende deutsche Sprichwort in dein Heft oder gib den Sinn des lateinischen Sprichwortes in eigenen Worten an.

Gutta cavat lapidem non vi,
sed saepe cadendo.
Sic addiscit homo non vi,
sed saepe legendo.

Sarcina[1], quam multa colla sustinent,
fit ad portandum facilis.

[1]sarcina: Gepäck

Deliberando
saepe perit occasio.

Docendo discitur.

5. Kongruenz-Rätsel

In dem Gitternetz sind sieben Gerundivum-Formen versteckt. Suche sie heraus und ordne sie den Substantiven so zu, dass sie inhaltlich und nach KNG passen. Tipp: Gesucht sind Gerundiva zu amare – audire – capere – dare – habere – laudare – lavare. Hinweis: Suchrichtungen ↓↑, →←, ↘↖, ↗↙

1. pisces
2. dona
3. pueros
4. verbis
5. orationes
6. pater
7. manus

E	P	O	H	Q	X	E	F	C	L
A	A	D	T	P	A	H	A	S	A
E	U	D	D	D	E	P	O	O	U
I	W	D	N	W	I	K	L	D	D
Y	T	A	I	E	M	H	L	N	A
C	D	B	N	E	B	V	H	A	N
L	R	D	F	N	N	A	X	M	D
A	I	K	U	X	T	D	H	A	U
Z	D	E	A	F	K	N	I	O	S
S	A	D	N	A	V	A	L	S	B

6. Substantivisch (= Gerundium) oder adjektivisch (= Gerundivum)?
Kreuze an, ob die nd-Form substantivisch (**S**) oder adjektivisch (**A**) verwendet ist.
Tipp: Einen adjektivischen Gebrauch erkennst du an KNG!

S	A		S	A	
		amico amando			signum domum intrandi
		ad laudandum			gaudium aquae bibendae
		potestas miracula faciendi			gaudium aquam bibendi
		occasio amicorum invitandorum			fabula narranda
		desiderium te videndi			epistulam legendo

7. Spurius, der Nimmersatt
Willkommen in der nd-Werkstatt! Erinnerst du dich, wie aus einem Gerundium ein Gerundivum wird? Nach einer kurzen Auffrischung bist du dran!

Spurius os[1] inveniendi causa solum[2] effodit.

[1]os, ossis n.: Knochen [2]solum, -i n.: Boden

Schritt 1: Bestimme Numerus und Genus von os:

N: G:

Schritt 2: Bestimme den Kasus von inveniendi:

K:

Schritt 3: Die Wörter der gesuchten Gerundivum-Gruppe haben also die drei Merkmale:

Kasus Numerus Genus

Also heißt der neue Satz:

Spurius causa solum effodit.

Die Übersetzung beider Sätze ist bekanntlich gleich! Notiere sie hier:

Da ist er, der kleine Hund, den wir alle gut kennen. Er weiß jede Menge Tricks, wenn es darum geht, etwas zum Fressen zu beschaffen.
Ergänze in den folgenden Sätzen die Gerundivum-Gruppe. Achte dabei besonders auf den Kasus.
Tipp: Der Kasusauslöser ist jeweils eingekreist!

1. Spurius semper ______ ______ ______ cupidus est.
   (cibos bonos devorare)

2. Canis callidus ad ______ ______ tabernam intrat.
   (hospites commovere)

3. Ibi in ______ ______ ______ os vel lac accipit.
   (oculos suppliciter flectere)

4. Etiam domi callidus est. Ibi ______ ______ causa matri mures captos saepe apportat. (crustula accipere)

8. Das Kursprogramm bei der Volkshochschule

Clara und Linus blättern den neuen Katalog der Volkshochschule durch und staunen über das vielfältige Kursangebot.

Links findest du den Kurstitel. Ergänze die Anzeige durch eine substantivische nd-Form (= Gerundium) im Genitiv.

Rechts findest du den Werbetext. Ergänze ihn durch eine adjektivische nd-Form (= Gerundivum) im Ablativ. Achte also auf KNG!

Briefe schreiben!
ars epistulas scribendi
(epistulas scribere)

Gaudete vita epistulis scribendis

Kochkurs!

ars ______________________

____

(cenam parare)

Gaudete vita ______________________

____

______________________!

Entspannung!

ars ______________________

____

(animum relaxare)

Gaudete vita ______________________

____

______________________!

9. Sprachdetektive gesucht

Auch in unserem Sprachgebrauch finden sich Wörter, die auf eine lateinische nd-Form zurückgehen. Findest du die lateinische Ausgangsform und kannst du mit ihrer Hilfe die genaue Bedeutung des deutschen Wortes erklären?
Tipp: Diese Dinge müssen getan werden!

Agenda

Kommt vom lateinischen Verb

Erklärung der genauen Bedeutung im Deutschen:

Legende

Kommt vom lateinischen Verb

Erklärung der genauen Bedeutung im Deutschen:

10. Let's have a party (I)!

Clara, Julia und Linus planen eine Party. Clara hat genau aufgelistet, wer was zu erledigen hat. Forme Claras Stichpunkte in Sätze mit Gerundivum + esse um! Anschließend übersetze in dein Heft.

1. Linus / conclave / purgare

→ Lino conclave purgandum est.

2. Clara / crustulum (Pl.) / emere

→

3. amici / potiones / emere

→

4. Linus / soror / invitare

→

5. frater / panis / afferre

→

6. Cavete, ne huius rei obliviscamur: nos / vicini / non disturbare

→

11. Let's have a party (II)!

Julia treibt das Organisationsteam an, damit alles rechtzeitig fertig wird. Sie ist ziemlich nervös. Übersetze den Text in dein Heft.

Iulia: Studete, ut ad tempus finiamus. Cavete, ne quid obliviscamini. Ego vestimentum vetus sumo, ut mensam purgem.
Tu, Line, cum fortior me sis, potes potiones portare, ut tabernam praepares.
Si omnia heri fecissemus, nunc parati essemus! Timeo, ne hospites mox adveniant.

Clara: Iulia, noli timescere! Stude contra, ut nos adiuves. Tanto timore moveris, ut nos omnes timore afficias.

Iulia: Recte mones, Clara. Ergo: Ubi sunt crustula ...?

12. Spurius als Fußballtrainer

Spurius und seine Hunde-Gang haben beschlossen, das nächste Fußballturnier zu gewinnen. Leider haben sie vorher noch nie Fußball gespielt.
Aber Spurius' lateinische Ansprache wird sie schon in die Spur bringen! Gegner sind die Mannschaft der Kamele sowie die der Pferde. Übersetze seine Ansprache!

Amici, socii, commilitones!
Semper canes fideles eramus. Villas dominorum fortiter defendebamus, saepe fortissime cum lupis pugnabamus. Vita nostra dura erat. Sed etiam nos laetius vivamus! Pilam celeriter capiamus, pilam celerius ad amicos iactemus, celerrime vincamus!
Nolite pigre in aula iacere! Nolite studiose et diligenter villas custodire! Vituperate severe pigros! Exercete cottidie pedes vestros! Currite celerius quam equi, iactate pilam acrius quam cameli! Vincite! Vincamus! Vincemus!

Methodenboxen

Übersetzen ... (k)eine Kunst?!

Welcher Lateiner hat es nicht schon einmal erlebt, das mulmige Gefühl, das sich einstellt vor einem neuen, einem unbekannten lateinischen Satz, den es zu übersetzen gilt?!
Halt, Stopp! Mehr Vertrauen!
Hast du die Vokabeln gelernt und das Baukastenprinzip der lateinischen Formen (**Bedeutungsteil** bzw. **Stamm** + **Signalteil** bzw. **Endung**) verstanden, dann hast du schon einen großen Schritt zum Verständnis eines lateinischen Textes geschafft! Der Rest ist leicht und stützt sich vor allem immer wieder auf diese beiden Säulen, die fest in deinem Kopf stehen sollten.
Die folgenden Methodenboxen[1] zeigen dir Lerntipps und Übersetzungstechniken, mit denen du jeden lateinischen Satz knacken kannst:

Methodenbox 1:
Vokabeln lernen – aber wie?!

1. **QUANDO?**	**(Wann?)**	Lerne am besten nicht eine halbe Stunde lang, sondern **5–10 Minuten, mehrmals am Tag**.
2. **QUOT?**	**(Wie viele?)**	Lerne nicht mehr als etwa **7–10 Vokabeln** pro Lernphase.
3. **QUOMODO?**	**(Wie?)**	Lerne durch Abschreiben, durch Lesen, durch Abfragenlassen etc. – auf einem Weg, der **dir** besonders liegt.

[1] Eine ausführlichere Darstellung und Erläuterung zu den Methodenboxen 1-3 findest du in Band 2 von Ganz einfach Latein!

Methodenbox 2:
Eine Form bestimmen – so geht's!

Ein lateinisches Wort besteht aus seinem **Stamm** und einer **Endung**. Diese Endung ist <u>veränderlich</u> und gibt entweder den *Kasus* an oder zeigt dir, welche *Person* in welchem *Tempus* handelt.
Also lass dich nicht irritieren, sondern <u>zerteile das Wort einfach Stück für Stück</u>:

cantabatur ➜ cantaba- [-tur ist 3. Pers. Sing. Passiv, das gesuchte Grundwort muss also ein Verb sein. Das Verb cantabare gibt es nicht, aber **-ba** ist Kennzeichen für's Imperfekt. Weg damit! Übrig bleibt **canta-**, und das ist der Präsensstamm von **cantare** – singen!].

Methodenbox 3:
Übersetzen – leicht gemacht!

Für die Übersetzung eines ganzen Satzes besitzt du bereits alle Fähigkeiten, du musst sie nur in der richtigen Reihenfolge anwenden!

Kennzeichne zuerst das **Prädikat**, dann das **Subjekt**.
Du **beginnst** deine Übersetzung **mit dem Subjekt** und **pendelst** zum Prädikat. Das ist nötig, weil das Prädikat im Deutschen an zweiter Satzgliedstelle steht, während es sich im Lateinischen meist am Ende des Satzes befindet. Danach sofort wieder **zurück zum Satzanfang pendeln** und (meist) in der Reihenfolge ins Deutsche übersetzen, wie es der lateinische Text vorgibt: immer am „Satzfaden" entlang. **Halte** bei jedem Wort an und überlege, in welchem Kasus es steht bzw. was für eine Form es ist.

Methodenbox 4:
Vorsicht – Verwechslungsgefahr!

Übersetze nicht einfach drauflos! Du hast erst dann grünes Licht, wenn du jede Form sicher und eindeutig bestimmt hast. Jetzt ist nämlich deine Spürnase und Kombinationsgabe als „Formendetektiv" gefragt. Du weißt es ja: Es gibt identische lateinische Formen, die sich von unterschiedlichen Grundwörtern ableiten lassen. Zum Beispiel:

Eo cum **eo eo**. Dorthin gehe ich mit ihm.

Die Form **eo** hat hier drei Bedeutungen:
eo = die 1. Pers. Sing. von ire = *gehen*
eo = Ablativ Sing. des Pronomens is, id = *er, dieser*
eo = Adv. = *dorthin*.

Noch ein Beispiel?
duci = Infinitiv Präsens Passiv von ducere = *führen*
duci = Dativ Sing. von dux = *der Feldherr, Anführer*
sine = Präposition mit dem Ablativ = *ohne*
sine = Imperativ Sing. von sinere = *erlauben, zulassen*

Erst wenn die Form in den Satz passt, alle KNG-Kongruenzen beachtet worden sind und der Satz auch vom Kontext her Sinn macht, darfst du dich mit der Lösung des Falles zufriedengeben.

Auch ein Detektiv kann sich nicht allein auf seine Spürnase und Kombinationsgabe verlassen, sondern er wird außerdem mit einer systematischen Hinweiskartei zum Nachschlagen arbeiten.
In diesem Sinne solltest du dir einen kleinen **Karteikasten** mit unterschiedlichen Kategorien anlegen, den du ständig mit auffällig ähnlichen Formen aus deinem stets wachsenden Vokabelschatz füllst.

Mögliche Kategorien:

- identischer Nominativ, **unterschiedlicher Genitiv**

frōns, frondis f.	Laub
frōns, frontis f.	Stirn, Gesicht

ōs, ōris n.	Mund, Maul
os, ossis n.	Knochen, Bein

- identischer Genitiv, **unterschiedlicher Nominativ**

reus, reī m.	Angeklagter
rēs, reī f.	Sache, Besitz

mālus, mālī m.	Balken, Mastbaum
malum, malī n.	Übel, Fehler, Leid

- Stammformen bannen die **Verwechslungsgefahr**

iacēre, iaceō, iacuī, (iacitūrus)	liegen

iacere, iaciō, iēcī, iactum	werfen

- **Wortfamilien**

līberāre	befreien	lībertus, -ī m.	Freigelassener
līberī, -ōrum m.	Kinder	līber, -a, -um	frei
lībertās, -ātis f.	Freiheit	(Achtung: liber, librī m. = Buch: gehört zu einer anderen Wortfamilie!)	

Übung – Jetzt bist du dran!

Bestimme folgende Formen! Die Zahl in den Klammern gibt die Anzahl der unterschiedlichen Möglichkeiten an, die du herausfinden sollst.

libero (3)

rei (4)

regis (2)

Methodenbox 5: Übersetzen für Fortgeschrittene!

Lateinische Texte bestehen nicht nur aus kurzen und einfachen Sätzen, sondern hauptsächlich aus kniffligen Satzkonstruktionen. An diesen langen, (nur auf den ersten Blick) unübersichtlichen Satzperioden kannst du deine detektivischen Fähigkeiten zeigen. Der Text selbst liefert dir hierbei so viele Beweismittel, dass du den Inhalt nach und nach allein erschließen kannst – also: Augen auf und kombiniere!
Exemplarisch sollst du den ersten Satz aus Caesars *Bellum Gallicum* erschließen, den schon Generationen von Lateinschülern auswendig lernen mussten:

> Gallia est omnis divisa in partes tres, quarum unam incolunt Belgae, aliam Aquitani, tertiam qui ipsorum lingua Celtae, nostra Galli appellantur.

Es gibt viele verschiedene Möglichkeiten, um sich einen Überblick über den Satz zu verschaffen. Im Folgenden lernst du einige Vorschläge kennen, die du ausprobieren und kombinieren solltest, denn: Je mehr du diese anwendest, desto mehr erfährst du bereits im Vorfeld über den Text!

Verschaffe dir einen Überblick über den Satz!

1. Lies den unbekannten Satz durch und suche nach Auffälligkeiten, um ein **Vorverständnis** des Textes zu erhalten, z.B. Namen von Personen, Orten usw., von denen bereits die Rede war oder die zum ersten Mal auftreten, Pronomina (hic, ille, is), die bereits Erwähntes aufnehmen bzw. auf Folgendes verweisen!
2. Markiere **gliedernde Elemente**, um die Grobstruktur des Satzes zu erhalten, z.B.:
   a) Temporaladverbien: primum, deinde, postremo
   b) beiordnende Konjunktionen: et, atque, -que, etiam, quoque, sed, autem, tamen, nam, enim, neque enim, itaque, igitur, proinde, aut, sive, et – et, non solum – sed etiam, neque – neque, aut – aut
   c) unterordnende Konjunktionen (= Subjunktionen): cum, dum, quamquam, postquam, priusquam, antequam, quod, si, ubi, ut
   d) vergleichende Konjunktionen: non magis – quam; tantus – quantus; tam – quam; ita – ut; talis – qualis; idem – qui
   e) Relativpronomina

Ermittle die Satzstruktur!

1. Achte auf alle Satzzeichen!
2. Bestimme alle Satzarten („HS“ für Hauptsätze, „GS“ für Gliedsätze – achte auf die einleitenden Wörter: Konjunktionen, Relativpronomina usw.)!

Tipp: Oft fällt das Übersetzen leichter, wenn man ein langes, schwieriges Satzgefüge zuerst grafisch darstellt, z.B. durch die **Einrückmethode**:
Hierbei schreibst du den Hauptsatz ganz nach außen an den linken Rand, die Gliedsätze aber werden nach rechts eingerückt, entsprechend ihrer Abhängigkeit. So sieht die Einrückmethode bei unserem Caesar-Satz aus (fett gedruckt bzw. unterstrichen sind die gliedernden Elemente des Satzgefüges):

Gallia est omnis divisa in partes tres
    quarum unam incolunt Belgae,
        aliam Aquitani,
        tertiam
            qui ipsorum lingua Celtae,
                nostra Galli appellantur.

HS   GS 1   GS 2

Der lange, unübersichtliche Satz erscheint auf einmal geordnet und lösbar. Nun geht es an die Übersetzung. Mit den folgenden Checklisten behältst du weiterhin den Überblick.

CHECKLISTE für die Übersetzung des Hauptsatzes:	
• Subjekt und Prädikat suchen und übersetzen!	✓
• AcI, PC, Abl. abs.[2], nd-Form vorhanden? ➜ einklammern und zurückstellen!	✓
• Wortblöcke (KNG!) suchen und ihre Aufgabe im Satz erfragen *(Satzglieder)*!	✓
• Alle Satzglieder übersetzen, danach AcI/PC/Abl. abs. einbauen und übersetzen!	✓

[2] Falls du diese Konstruktionen vergessen haben solltest, können dir sicher die „AcI-Spürnase“ und der „PC-Erkennungsdienst“ aus Band 2 von Ganz einfach Latein bei der Suche helfen.

CHECKLISTE für die Übersetzung der Gliedsätze:	
• Übersetzungsreihenfolge: 1. das einleitende Wort	✓
2. das <u>Subjekt</u> *(im Relativsatz und indirekten Fragesatz sind beide identisch, wenn das Relativpronomen Subjekt ist)*	✓
3. die restlichen <u>Satzglieder</u>[3] und	✓
4. das <u>Prädikat</u>	✓
• Ordne die Gliedsätze inhaltlich und sprachlich in den Hauptsatz ein.	✓
• Bemühe dich um eine „schöne", sinngebende Übersetzung.	✓

Mit diesen **Checklisten** und deiner **Formen-Spürnase** und **Kombinationsgabe** kannst du jetzt aus jedem Text ermitteln, *wer was wann wo wie* und *warum* gemacht hat.

Überprüfe die Checkliste gleich selbst am Caesar-Satz und übersetze in dein Heft!

Übung – Jetzt bist du dran!

In folgendem Text berichtet Caesar über die wilden Tiere unserer Vorfahren. Lass dich nicht von den langen Sätzen abschrecken! Mit deinem detektivischen Können wirst du nach und nach ermitteln, wie die Germanen ihre Tiere gefangen haben!

1. Verschaffe dir zuerst einen Überblick über den Text und seine Satzstrukturen (kennzeichne die gliedernden Elemente; benutze die Einrückmethode)!
2. Erschließe Haupt- und Gliedsätze mithilfe der Checkliste und übersetze den Text in dein Heft!
3. Erkläre anhand der Informationen aus dem Text und den Bildern, wie die Germanen angeblich ihre Elche fingen!

[3] Achtung: Abhängige Aussagen (AcI, indirekter Fragesatz) erfordern in der Regel, das übergeordnete Verb zuerst zu übersetzen!

Caesars „Jägerlatein“
über die wilden Tiere der Germanen

(nach Caesar, De bello Gallico VI 26, 27, 28)

In Germaniae silvis multae bestiae sunt, quae in reliquis locis visae non sint: Est **bos** cervi figura, cuius a media fronte inter aures unum cornu exsistit excelsius magisque derectum his, quae nobis notae sunt, cornibus; ab eius summo sicut palmae ramique late diffunduntur. [...] Sunt item, quae appellantur **alces**. Harum est consimilis capris figura et varietas pellium, sed magnitudine paulo antecedunt mutilaeque sunt cornibus et crura sine nodis articulisque habent. Neque quietis causa procumbunt neque, si quo afflictae casu conciderunt, erigere sese aut sublevare possunt. His sunt arbores pro cubilibus; ad eas se applicant atque ita paulum reclinatae quietem capiunt. [...]

affligere, -o, afflixi, afflictum: zu Boden strecken, werfen; *pass.* stürzen
alces, -is f.: Elch
applicare: anlehnen
articulus: Gelenk
auris, -is f.: Ohr
bos, bovis m.: Rind, Stier, Ochse
capra, -ae f.: Ziege
cervus: Hirsch
crus, cruris n.: Bein
cubile, -is n.: Schlafstätte
derectus: gerade
diffundi h.: sich ausbreiten
excelsus: hoch
exsistere: hervortreten
mutilus: verstümmelt
nodus: Knöchel
palma: Zweig
pellis, -is f.: Fell, Haut
procumbere: niederlegen
quies, quietis f.: Schlaf, Ruhe
ramus: Ast, Zweig
reclinare: anlehnen
sublevare: erheben
varietas, -atis f.: Buntheit

Quomodo Germani alces captant?